아가와 사와코의 간병 입문

돌보는 힘

아가와 사와코의 간병 입문

돌보는 힘

아가와 사와코, 오쓰카 노부오 지음
구노리 야스히코, 손효선, 최효옥 옮김

건강
미디어
협동조합

돌보는 힘
_아가와 사와코의 간병 입문

지은이 아가와 사와코, 오쓰카 노부오

옮긴이 구노리 야스히코, 손효선, 최효옥

펴낸이 백재중 **만든이** 황자혜 임지연 조원경 박재원

초판 1쇄 발행 2021년 1월 15일 **펴낸곳** 건강미디어협동조합

등록 2014년 3월 7일 제2014-23호 **주소** 서울시 사가정로49길 53

전화 010-4749-4511 **팩스** 02-6974-1026 **전자우편** healthmediacoop@gmail.com

값 13,000원 **ISBN** 979-11-87387-18-3 03190

"여러분의 참여로 이 책이 태어납니다.
씨앗과 햇살이 되어주신 분들, 참 고맙습니다."

강대곤 강정혜 고경심 곽병한 곽종훈 김나연 김두경
김미정 김복희 김봉구 김정은 김지현 김태열 김태혁
문 웅 문현아 박경남 박경순 박상원 박왕용 박찬호
박혜경 변혜진 백재중 서옥희 석은수 손성숙 손효선
송현석 송홍석 신영수 안정빈 오성희 유원섭 유진경
윤영순 이미라 이선주 이윤구 장숙랑 조경애 조래성
조혜영 채정란 채찬영 최효옥 한선경 현순분 황자혜
구노리 야스히코 (50명)

지은이

아가와 사와코 阿川佐和子
1953년 도쿄 출생. 게이오기주쿠대학 문학부 서양사학과 졸업, 수필가, 작가.
『저렇게 말하면 이렇게 무시한다』(공저, 집영사)로 고단샤 에세이상, 『우메코』
(소학관)로 쓰보타 조지 문학상, 『약혼 후에』(신조사)로 시마세 연애 문학상을
수상. 2012년 『듣는 힘』(문춘신서)이 연간 베스트셀러 1위, 2014년에 '기쿠치
간상' 수상.
최근 저서로 『강한 아버지론』(문예춘추), 『여자라는 말의 심오한 뜻』(공저, 문
예춘추), 『정의의 'ズ'』(가도카와문고) 등이 있으며, 텔레비전 프로그램 〈비토
다케시의 TV태클〉 〈사와코의 아침〉에 출연 중이다.

오쓰카 노부오 大塚宣夫
1942년 기후현 출생. 게이오기주쿠대학 의학부 졸업. 1967년 동 대학 의학부
정신신경과학교실에서 수련. 1968~1979년 (재)이노카시라병원에서 정신과
의사로 근무.
1980년 오메 게이유병원을 개설하여 원장에 취임하고, 2005년 요미우리랜드
게이유병원을 개설, 2010년 의료법인사단 경성회 회장 취임. 저서로 『인생의
최후는 내가 결정한다』(다이아몬드사) 등이 있다.

옮긴이

구노리 야스히코 九里 保彦
1941년 요코하마시 출생. 고쿠가쿠인대학 정경학부 졸업. 1966년 ㈜유린도(서점&출판) 입사, 2004년 상무이사로 퇴임. 한국 지인들과 한국어로 소통하고 싶어 2014년부터 한국어 공부를 시작, 현재 일한 번역하는 재미에 푹 빠져 있다. 오랜 취미인 요트와 유화, 악기연주도 게을리하며 차기 번역서를 준비 중이다.

손효선
일본학 전공. 전 서울시 공무원, 지역 문화센터 일본어 강사 역임. 2010년부터 '일본어번역연구회' 회원으로 활동하며 문학작품 번역에 매력을 느낀다.

최효옥
일본학 & 한국어교육 전공. 2006년부터 한국어를 가르치며 2009년부터 '일본어번역연구회' 회원으로 활동한다. 동료들과 함께 『어느 과로사』(건강미디어협동조합, 2018)를 번역 출간했다.

우리 모두의
돌봄과 간병

2020년 10월 초 한국방송 국제 뉴스로 전해진 일본 관련 소식을 기억하실지요. '일본, 코로나19에 걸린 어머니, 집에서 임종' 내용인즉슨, 92세 노모가 만성질환으로 입원한 병원에서 집단 감염이 발생, 어머니도 코로나에 감염되어 대면 면회가 불가능한 상황, 지병 악화로 어머니의 여생이 얼마 남지 않았다는 소식에 가족들은 어머니를 집으로 모셔오기로 합니다.

전례 없다 거절하는 의료진 중에 어렵사리 찾아낸 방문 진료 의사와 그가 이끌어낸 지역 보건 당국의 협력으로 가족들이 감염되지 않고 재택 의료가 이루어졌으며, 8일 후 온 가족이 지켜보는 가운데 어머니는 조용히 임종을 맞이했다 합니다.

이 뉴스를 접한 사람들 저마다의 마음에 어떤 느낌이 머물렀을까요. 초고령화 사회 간병 등 돌봄을 받아야 하는 부모 세대, 돌보는 자녀 세대, 그리고 다시 자신들이 받을 돌봄에 대해 준비해야 하는 이들에게, 아니 우리 사회 모두에게 간병을 포함한 '돌봄'은 참으로 중요한 과제임에 틀림없습니다.

2019년 3월 말, 저는 봄이 성큼 와 있는 서울을 방문했습니다. 일주일 머무는 동안 많은 지인들과 미술관, 명소 등도 둘러보고, 경춘선 김유정 역에서 내려 금병산에도 올랐습니다. 귀국할 때 배웅해 준 최효옥, 손효선 씨와 공항 카페에서 커피를 마시며 셋이서 번역을 해 보자는 이야기가 나왔습니다. 요즘 화두로 떠오르는 '노노 간병'이나 '가족 간병' 관련 책이면 좋겠다는 데 의견을 모았습니다.

저는 이 책이 출판되는 2021년이면 80세입니다. 주위에는 가족의 돌봄을 받고 있는 지인이 적지 않으나 다행히 저는 건강한 편이라 아직 그런 신세는 지고 있지 않습니다. 부모님도 투병 생활을 하셨지만 직장 생활을 하다 보니 제가 간병할 겨

를도 없이 타계하셔서 간병에 대한 배경지식이 거의 없습니다.

부친을 간병한 경험이 있는 최효옥 씨는 이미 간병에 대한 몇 권의 후보 작품을 가지고 있었습니다. 서점 담당자에게도 조언을 듣고 그 책들을 읽어 보았습니다. 그 결과 의견 일치를 본 작품이 바로 『看る力』(미루치카라, 돌보는 힘)이었습니다.

이 책은 94세로 세상을 떠난 아버지를 간병했으며 치매를 앓고 있는 어머니도 돌보는 등, 간병 체험이 풍부한 아가와 사와코(작가, 방송 진행자, 배우 등으로 활동) 씨와 1만 명 이상의 임종을 지켜본 고령자 의료의 일인자인 의사 오쓰카 노부오 씨의 대담 내용입니다. 아가와 씨의 밝고 절묘한 인터뷰가 오쓰카 선생의 귀중한 조언을 이끌어냅니다.

간병이 언제 나의 일로 닥쳐올지 모릅니다. 자신이 부모님을 간병할 일이 생길 수도 있고 자신이 간병을 받을 수도 있습니다. 이 대담집은 지금 간병으로 힘들어하는 분에게는 간병

본연의 자세를 재검토하는 계기가 되리라 생각합니다. 또한 앞으로 간병을 해야 할 분들에게는 어떻게 대처하면 좋은지 지침을 제시해 줍니다. 두 분의 대담에는 간병에 따른 비장함은 없습니다. 다만 이상적인 간병 방법과 평화로운 노후를 보내기 위한 힌트를 줄 뿐입니다. 부디 그 힌트를 얻으시기 바랍니다.

옮긴이를 대표하여
구노리 야스히코 九里保彦

차례

우리 모두의 돌봄과 간병 　　　　　　　　　 ·8

Ⅰ 돌보는 힘
　_가족편

1 좋아하는 음식은 목에 걸리지 않는다 　　　 ·18

2 치료보다 돌봄, 돌봄보다 일상생활 　　　　 ·24

3 아이 대하듯 말하지 않기 　　　　　　　 ·33

4 바보 취급 안 하기, 화 안 내기, 핀잔 안 주기 　·36

5 간병은 장기전이라는 각오 　　　　　　　 ·41

6 양심의 가책 느끼기 　　　　　　　　　 ·48

7 짜증 나면 웃어 버리기 　　　　　　　　 ·51

8 환자를 돌보다 보면 의견 충돌이 있기 마련 　 ·57

9 치매에 걸려도 혼자 살기   • 63

10 고독사에 대한 이해   • 68

11 시설에 맡기는 것이 불효는 아니다   • 71

12 사랑만으로는 부족하다   • 74

13 자존감 세워 주기   • 81

14 치매 조기 진단의 중요성   • 86

15 돌봄 받는 처지에서 생각하기   • 90

16 명의의 조건   • 94

II 돌보는 힘 _부부편

17 치매 진찰은 부부가 함께   · 102

18 정년퇴직한 남편은 신입사원이라 생각하기   · 106

19 혼자 살기!   · 117

20 신종 화병 '부원병'   · 122

21 사랑, 장수를 위한 만병통치약   · 128

22 명함 만들기   · 134

III 돌봄 받을
마음의 준비

23 75세가 전환점 ·144

24 노인은 과로사하지 않는다 ·150

25 왜 노인은 항상 심기가 불편할까 ·156

26 불량 노인 되기 ·162

27 돈에 좌우되는 노후 ·167

28 가족이라도 돌봐준 대가는 확실히 ·172

29 내가 바라는 임종 ·177

30 일하는 사람을 보고 시설 고르기 ·184

나라면 무엇을 원할까 ·188

I

돌보는 힘

_가족편

1 좋아하는 음식은
목에 걸리지 않는다

아가와 제 아버지[1]가 3년 반 동안 오쓰카 선생님 병원에서 큰 신세를 졌습니다. 2012년에 갑자기 쓰러져서 입원했는데 거기서 오연성 폐렴誤嚥性肺炎을 일으켰어요. 한 달 후에 기적적으로 회복은 됐는데 치매가 살짝 있던 어머니와 단 둘이 생활하는 건 무리라고 판단해서 선생님 병원에 입원했던 겁니다. 고집불통인 아버지의 요구를 임종 때까지 다 잘 받아주셔서 진심으로 감사드립니다.

오쓰카 아버님께서는 마지막까지 자신의 의지가 확실해서 좋았습니다. 분명히 고통 없이 편안히 가셨을 겁니다.

아가와 옛날부터 아버지는 "혹시라도 내가 요양병원에 들어가

---

1. 아가와 히로유키阿川弘之(1920. 12. 24. - 2015. 8. 3.) 소설가, 평론가, 일본예술원 회원(각주들은 옮긴이 해석)

게 되면 자살해 버릴 테다!" 이렇게 단호하게 말씀하셨기 때문에 처음에는 입원시키기도 정말 조심스러웠어요.

오쓰카 그런 사람 많지요.

아가와 그런데 실제로 입원해 보니까 병원 음식이 입에 맞았는지 아주 마음에 들어 했어요. '병원 밥은 맛없는 것'이라고 단단히 믿고 있던 아버지가 이 병원 음식을 드시고 맛있다고 해서 '휴, 다행이다' 생각했습니다.(웃음)

오쓰카 개원 이래로 제가 식사에 관해서 신경을 아주 많이 썼기 때문에 그 말씀을 들으니 기분 좋습니다.

아가와 가끔 스테이크나 초밥을 특별 주문할 수도 있어서 먹는 것을 좋아하는 아버지는 매우 만족해하셨어요. 그런데 어느 날 '장어가 먹고 싶다' 하시는 거예요. 오연성 폐렴이 나은 지도 얼마 안 됐고 목에 가시라도 걸리면 어쩌나 걱정돼서, 장어를 드셔도 되는지 선생님께 여쭈었더니 "네, 괜찮아요" 하고 단박에 허락하셔서 깜짝 놀랐답니다.

오쓰카 뭐, 걱정하기 시작하면 한도 끝도 없고 본인이 좋아하는 것을 드시게 하는 게 가장 좋아요. 참으로 신기하게도 음식을 삼키는 데 문제가 있는 사람도 좋아하는 것은 목에 걸리지 않아요.

아가와 '좋아하는 것은 목으로 잘 넘어간다' 선생님께 들은 이 한마디가 인상에 강하게 남아 있어요. 그것이 제가 간병에 대해서 생각하는 하나의 계기가 되었고요. '그렇구나, 먹고 싶지 않아서 목에 걸리는구나' 깨달았지요. 더욱이 선생님께서는 '무슨 일이 생기면 우리가 있으니까 걱정 마라' 하셨어요. 그 말씀에 얼마나 놀라고 동시에 안심이 되었는지 모른답니다.

오쓰카 사람이 나이가 들어도 마지막까지 남는 즐거움은 '먹는 즐거움'이지요. 그런데 병원식은 옛날부터 되게 맛이 없는 걸로 알려져 있잖습니까. 그래서 '이것만은 어떻게든 해결해야겠다' 싶어 정말 심혈을 기울였어요.

아가와 식탐이 많은 아버지의 요구는 점점 심해져서 "아침에 나온 계란 반찬이 차가워 싫더라" 불평하시더라고요. 할 수 없이 병실에 전자레인지를 들여놔도 되는지 선생님께 여쭸더니 그렇게 하라며 웃으셨지요. 그런데 아버지는 그걸 오로지 청주를 뜨겁게 데우는 데만 사용했어요.(웃음)

오쓰카 그래요, 매일 밤 반주를 즐기셨지요.

아가와 전자레인지에 10초 동안 데워서 드셨어요. 병실에서 약주를 하는 것도 허용되었으니까요.

오쓰카 물론이죠. 사실 입원했다고 술을 마시면 안 될 건 없어요. 상표까지 지정해 근처 술집에서 병실로 배달시키는 분도 있는데요, 뭐.

아가와 어머나! 제 아버지보다 한 수 위네요! 아무튼 그 덕분에 아버지 병실은 빈 병으로 가득해서 마치 술집 같았다니까요. 술안주로 치즈를 가져오라는 등 요구 사항도 많아졌어

요. 임종 무렵에는 전기레인지를 들여놓고 소고기전골까지 끓였는걸요.(웃음)

먹는 것은 생명력을 가늠하는 기준

오쓰카 먹는 것은 인간에게 마지막까지 남는 즐거움임과 동시에 고령자의 생명력을 가늠하는 기준으로서도 매우 중요합니다. 유럽의 고령자 시설을 견학했을 때 그것을 통감했지요.

아가와 일본과는 뭐가 다른가요?

오쓰카 식욕을 돋우고 삼키기 쉬운 형태로 자르며 식사에 대해 여러 가지로 궁리를 합니다. 또 먹을 때 충분히 시중을 들어주지요. 그러나 자기 힘으로 삼킬 수 없게 되면 그 이상의 대처는 하지 않습니다.

아가와 수액 주사도 안 놓아요?

오쓰카 네, 안 놓아요. 정확하게 말해서 입에 넣어 준 것을 삼킬 수 없게 되면, 즉 먹을 수 없으면 머지않아 임종을 맞는다는 뜻이거든요. 그 사람 수명이 다했다고 판단하지요.

아가와 '좋아하는 것은 목으로 잘 넘어간다'는 명언은 거기에서 나온 말이군요. 제 아버지는 상당히 고집 센 편이었는데요. 선생님 병원은 음식이든 술이든 이건 안 된다, 저건 안 된다 하는 제약이 거의 없었어요. 그게 선생님의 기본 방침이신 거죠?

오쓰카 네, 일상생활을 하는 곳이라면 원칙적으로 모든 면에서 자유로운 게 좋잖습니까. 그러니까 살날이 얼마 안 남은 분에게는 누가 뭐래도 사는 낙이 우선이지요. 될 수 있는 대로 눈치 보지 말고 마음대로 생활하시면 좋겠어요. 개인 병실은 어떤 의미에서 그러기 위한 '셋방'이라고 생각하시면 됩니다.

아가와 그러고 보니 아버지가 집에 있는 그림을 가져다 달라 하신 적이 있어요. 그래서 죄송하지만 원래 있던 그림을 떼고 아버지 마음에 드는 그림을 걸었지요. 그랬더니 역시 병실 분위기가 달라진 거예요. 안정감이 생겼다고나 할까, 진짜 아버지의 방이 되었다는 느낌이 들더라고요. 아버지도 기뻐했죠.

오쓰카 각 병실에 있는 가구와 집기도 시설물 느낌이 들지 않고 가능한 한 가정집 분위기가 느껴지는 것이 좋겠군요. 식기류도 무미건조한 멜라민수지나 플라스틱 제품이 아닌 유리나 도자기 제품이 좋고요.

아가와 깨뜨리면 어쩌죠?

오쓰카 그런 일은 없을 겁니다. 자기 집처럼 생각할 테니까요. 그리고 아마 직원들이 더 많이 깰 걸요.(웃음)

생활환경을 풍요롭게

———

아가와 선생님 병원을 처음 방문했을 때 가장 놀란 것은 냄새였어요. 병원 특유의 냄새가 전혀 없었거든요.

오쓰카 좋은 점을 알아봐 주시니 기분이 참 좋습니다. 냄새 관리에 대해서는 개원 당시부터 신경을 많이 써 왔지요. 노인병원이라서 노인 냄새 말고도 냄새의 원인은 많이 있어요. 입원 환자분의 70퍼센트는 기저귀를 차고 있는데 냄새가 나면 바로 교체합니다. 또 가장 강렬한 냄새의 원인은 구취인데요. 식사가 끝나면 양치질을 해서 입안을 청결하게 유지시켜요. 그밖에도 땀을 흘리면 옷을 갈아입히고요. 하여간 냄새 발생원을 철저하게 없애도록 하고 있지요. 그리고 방향제는 냄새의 원인을 찾기 어렵게 만들기 때문에 원칙적으로 사용을 금하고 있습니다.

아가와 그래서 그런지 언제 가도 불쾌한 냄새뿐만 아니라 병원 특유의 약품 냄새조차 느낀 적이 없어요.

오쓰카 모든 면에서 생활환경을 풍요롭게 하는 것이 매우 중요하지요.

2 치료보다 돌봄,
돌봄보다 일상생활

아가와 사실 아버지가 입원할 때까지 노인 병원이 어떤 곳인지 예비지식이 전혀 없었는데도 선생님의 시도는 매우 독창적이라고 생각했어요. 처음에 선생님은 왜 노인 대상 병원을 만들 생각을 하셨는지 궁금합니다.

오쓰카 친하게 지내는 고등학교 동창한테서 걸려온 전화가 계기였어요. 당시 84세였던 친구의 할머니께서 3년 전부터 뇌경색 후유증으로 거동을 못하니 가족들이 자택에서 돌보는 중이었지요. 그런데 한 열흘 전부터 낮에는 거의 주무시고 밤 12시쯤부터 눈을 말똥말똥 뜨고 큰 소리로 떠드는데, 그게 새벽녘까지 계속되기 때문에 가족들이 지쳤다고 했어요. "가까운 병원에 문의했지만 아무 데서도 받아주지 않아 몹시 힘들다. 네가 정신병원에 근무하니 어떻게 안 되겠냐? 혹시 무리해서라도 어디 맡아 줄 곳을 찾아 줄 수 없느냐?" 그런 SOS 전화였어요.

아가와 그러고 보니 선생님은 정신과를 전공하셨잖아요. 저는 처음에 노인병 치료 전문이시겠거니 했어요.

오쓰카 아닙니다. 원래는 정신과였지요. 당시에는 노인 의료에 관심을 갖는 의사가 아무도 없었어요.

아가와 그래서 그 할머님을 맡길 만한 곳이 있었습니까?

오쓰카 아니요, 전혀요. 여기저기 찾아보다가 도쿄 교외에 있는 어느 병원을 방문했지요. 그때 그 광경이 너무 충격적이었어요.

아가와 충격적이라면?

오쓰카 다다미 바닥에 이부자리가 빽빽하게 깔려 있었고 노인들이 거기에 그냥 방치되어 있었어요. 거기가 병실이었지요. 일손이 부족하니까 기저귀도 하루에 한두 번밖에 안 갈아 주고, 물론 목욕도 못 시켰을 겁니다. 하여간 냄새가 지독했고 가끔 이상한 신음 소리가 들리는 것 말고도 기묘한 정적이 흐르고 있었어요.

아가와 좀 무섭네요.

오쓰카 틀림없는 '노인 유기'라고 생각했어요. 그렇게 하다 보니 거기에 들어간 사람 대부분은 두세 달 만에 죽고 말지요. 더욱 놀라운 건 그런 곳인데도 입원 희망자가 줄을 서서 반년 후에나 들어갈 수 있다는 거였습니다.

아가와 그 정도로 수요가 많았다는 말씀이군요.

오쓰카 난생처음으로 노인 병원이라는 것을 보고 생각이 많았어요. '앞으로는 무서운 기세로 고령자가 증가한다. 무엇보다 우리 부부에게도 모두 네 명의 부모가 있다. 부모님들을 돌봐야 할 때 어떻게 하면 좋을까? 작아도 좋으니 하다못해 내 부모만이라도 안심하고 맡길 수 있는 시설을 만들고 싶다' 생각했지요.

아가와 그게 출발점이었군요.

오쓰카 네, 뜻을 세우고 나서 몇 년 후인 1980년 2월에 도쿄 교외 오메 시에서 노인 병원을 시작했어요. 그러나 처음 1년 정도는 실패의 연속이었지요.

아가와 아, 그러셨군요.

아침에 깨워 침대에서 나오도록

오쓰카 고령자 케어에 대한 지식이 없기는 했지만 저도 명색이 의사니까 '노인이건 자리보전하고 있는 환자건 의료의 힘으로 건강을 회복할 수 있다'고 쉽게 생각했어요.

아가와 의사의 사명이 환자를 치료해서 회복시키는 거니까요.

오쓰카 그러나 제가 알고 있는 모든 치료법을 다 써 봐도 좀체 차도가 없었어요. 의료 세계에서는 밥을 먹을 수 없게 된 사람이나 검사 결과 영양 상태가 나쁜 사람에게는 우선 수액으로 수분과 영양을 보충합니다. 수액 주사를 놓을 때는 될 수 있는 대로 움직이지 않게 눕혀 놓아야 하지요. 그렇게 일주일 동안만 하면 이번에는 정말로 자리보전하고 눕게 됩니다.

아가와 걸을 힘이 있던 사람도요?

오쓰카 네, 걸어서 입원한 사람도요. 자리보전하는 환자를 만들기 위해서 시작한 게 아닌데 의료 행위를 하면 할수록 상태가 나빠졌어요. 어쩐지 제가 하려는 게 틀린 것 같다는 생각이 들었지요. 그래서 1년 정도 시행착오를 겪고 내린 결론이 '노인에게 필요한 것은 치료보다 돌봄이 먼저'라는 것이었습니다. 혼자서 생활할 수 없게 된 사람을 주변 사람이 돕는 거죠.

아가와 식사와 화장실, 산책 같은 거 말씀이죠?

오쓰카 네, 그밖에도 아침에 깨워서 침대에서 나오게 하기, 일으켜 세우기, 부축해서 걷게 하기, 자극 주기 같은 거요. 그런데 일상생활을 돕는다는 의미로 간병을 하다 보니까 '오늘 뭐 해? 일어나서 뭐 하지?' 하는 환자가 나왔어요. 그걸 보고 있는 동안에 단순히 간병만 할 게 아니라, 어떤 상태에서도 '여유 있게 지낼 수 있도록 생활환경을 갖추는 것'이 중요하다는 방향으로 생각이 발전했지요.

아가와 아침에 일어날 이유를 갖게 하는 것 말씀이세요?

오쓰카 바로 그겁니다. 자리보전하고 누워 있는 사람이든 치매가 있는 사람이든 질병으로 들어온 사람이든, 모두 다 '여기에서 지내는 시간은 인생의 마지막에 너나없이 경험하는 생활의 한 부분'이라고 생각했어요. 그래서 '생활에 필요한 것을 기본으로 갖춰 놓고 환경을 풍요롭게 만들자. 즉 의식주를 갖추자. 거기에다 돌봄과 치료를 결합하는 구조로 하자' 생각했지요.

아가와 치료보다 돌봄, 돌봄보다 일상생활, 이런 방향으로 우선순위를 완전히 바꾸셨군요.

365일 24시간 면회 OK

오쓰카 환자가 어떤 상태에서든 인간다운 생활을 하면서 임종을 맞을 수 있도록 하려면 어떻게 하는 게 좋을까, 그런 생각을 한 결과입니다.

아가와 그래서 선생님 병원은 여러 면으로 자유롭군요.

오쓰카 네, 많은 병원이 대체로 의료를 우선하다 보니 질병 치료에 조금이라도 위험이 있을 법한 것, 이를테면 음주 같은 것을 금지하고, 가족이 병원으로 음식을 가져오는 것도 원칙적으로 안 되고 죄다 제한을 하지요. 반면에 저희 병원은 면회도 365일 24시간 언제든지 OK입니다. 일상생활 또는 즐거움이라는 것에 우선순위를 두면 원칙에도 융통성이 생기거든요.

아가와 입원 전과 같은 생활을 계속해도 된다는 말씀이죠?

오쓰카 네, 맞아요. 그리고 뭔가 문제가 생겼을 때를 대비해서 의사들과 직원들이 있는 거니까요.

어린이랜드에서 실버랜드로

아가와 그 후 오메에 이어서 요미우리랜드에 병원을 세우게 된 무슨 까닭이라도 있으셨는지요?

오쓰카 오메에서 병원을 하면서 계속 신경이 쓰였던 게 있었어요. 이용자의 70~80퍼센트가 도쿄의 23개 구와 가와사키, 요코하마에 사는 분들이었지요. 그분들이 편도 약 1시간 반 내지 2시간을 들여서 면회하러 오셨거든요. 그래서 좀 더 집 가까이에 병원이 있으면 가족들이 더 자주 부담 없이 올 수 있고, 임종까지 얼마 남지 않은 시간을 환자 곁에 있을 수 있겠다 싶었어요. 그것도 생활을 풍요롭게 하는 방법 중의 하나니까요.

아가와 그건 그래요. 가족으로서는 병원이 가까우면 여러 가지로 감사하지요.

오쓰카 어떻게든 도쿄로 이전하고 싶긴 했지만 자금이 없었어요.

아가와 그래서 어떻게 하셨어요?

오쓰카 2002년 연말쯤 요미우리 그룹의 총수인 와타나베 쓰네

오 씨가 만나서 의견을 듣고 싶다고 다른 사람을 통해서 연락을 하셨어요.

아가와 나베쓰네 씨가 등장하는군요.

오쓰카 거기에서 나온 얘기가 "지금의 요미우리랜드는 개점휴업 상태다. 앞으로 저출산 고령화 사회를 생각하면 앞이 캄캄하다. 그래서 '어린이랜드'에서 '실버랜드'로 방향을 바꾸려고 한다. 그 일환으로 놀이공원 한쪽에 노인 병원을 세우지 않겠느냐?"는 것이었어요. 그 만남을 계기로 계획이 진행되었지요. 다만 "오메에 있는 병원을 지을 때 빌린 돈을 겨우 갚은 상태라 자금이 없다. 요미우리가 병원을 지어 달라. 우리는 그 운영을 책임지겠다" 했지요. 그렇게 해서 생각지도 못한 방법으로 꿈이 실현된 겁니다.

아가와 그러고 보니 요미우리랜드 게이유병원[2]이 놀이공원 부지 안에 있네요. 롤러코스터가 눈앞에서 오르내리고요. 제 동생은 아버지 문병을 갈 때마다 어린 아들에게 놀이공원에 간다며 기대하게 했어요.

오쓰카 면회하러 오는 가족들도 함께 즐길 수 있다는 것은 더할 나위 없이 좋은 일이지요. 오메에 있는 병원에 5,000제곱미터쯤 되는 넓은 정원을 만들었는데 거기에도 의미가 있습니다. 치매 환자가 많다 보니 가족이라 할지라도 대화가 통

---

2. 요미우리랜드 게이유 병원은 오쓰카 씨가 오메 병원에서 25년 이상 쌓은 고령자 간병과 의료 경험을 바탕으로 2005년 봄에 도쿄 도 이나기 시에 개원한 병원

하지 않고, 자기 가족인지 아닌지도 분간 못할 정도로 중증인 사람이 많아요. 그런 경우 면회하러 온 사람들에게 가장 좋은 것은 환자를 휠체어에 태우고 같이 산책하는 겁니다. 대화는 할 수 없어도 시간은 함께 보낼 수 있으니까요.

아가와 아, 그렇겠네요.

오쓰카 계절 따라 달라지는 식물을 보면서 정원을 한 바퀴 도는 것으로 가족이 함께 보내는 시간을 공유할 수 있어요. 환자분이 돌아가신 후에 '벚꽃을 보면서 같이 산책했지…' 그런 기억이 가족에게도 좋은 추억이 될 테니까요. 생활공간을 풍요롭게 하는 것은 가족들에게도 중요하다고 봅니다.

생활에 활기를

아가와 실제로 치료와 돌봄의 우선순위를 바꾸고, 더욱이 돌봄보다 일상생활을 중시하는 것으로 그분들에게 어떤 변화가 있었는지요? 건강해져서 퇴원한 사례가 있습니까?

오쓰카 퇴원까지 하는 분은 적지만 건강해지는 분은 꽤 있습니다. 하여간 아침이 되면 깨워서 옷을 갈아입히고 낮 동안에는 잠시라도 침대에서 나오게 하지요. 본인이 누워 있고 싶다고 해도 한 차례 정도는 반드시 의자에 앉게 해요. 그렇게 하면 점점 표정이 바뀌지요. 방에서 한 걸음도 안 나왔던 분이 휠체어로 산책까지 즐길 수 있게 되고요.

아가와 생활에 변화가 생기는군요. 그리고 멋을 내라고 그런 건지 병원에 모자와 스카프가 준비되어 있던데요.

오쓰카 네, 여성분들은 모자를 사용하는 것 말고도 화장도 할 수 있습니다. 하여간 멋을 낼 수 있어요. 간호사에게 도와달라고 해도 됩니다. 남녀 불문하고 몸치장하는 습관을 들이는 것은 '뭔가 하자'는 적극적인 의욕을 갖는 것으로 이어지지요.

아가와 거기에다가 화장을 하고 멋을 낼 수 있도록 의상과 액세서리까지 빌려주잖아요.

오쓰카 네, 원칙적으로 저희가 준비해 놓습니다. 예전에, 몇 십 년 전에 샀는지 낡고 보풀이 잔뜩 인 양복 차림으로 입원하신 분이 있었어요. 병원에서 새 스웨터를 마련해 드렸더니 눈이 초롱초롱해지고 단번에 회춘하신 적이 있었습니다. 사소한 변화만으로 건강해지는 분을 보면 저희도 기쁘지요.

아가와 역시 멋을 내는 건 중요한 일이군요.

3 아이 대하듯
말하지 않기

오쓰카 삶에 활력이 생기면 역시 인간으로서 대우받는다는 느낌도 듭니다.

아가와 그래서 말인데요. 가끔 궁금했는데 간병인이나 간호사 중에는 아이에게 말하듯 고령자를 대하는 사람이 있잖아요. "아이고, 쉬 했어?" "이름 잊어버린 거야?" "에이, 또 흘렸네" 하고 말이에요. 이 병원에서는 그런 일이 전혀 없지요? 모든 환자에게 꼬박꼬박 정중하게 마치 사장님을 대하듯이 '○○○ 님, 식사 준비가 되었습니다' 하나요?

오쓰카 그건 뭐 기본 중 기본입니다. 완벽하게 관리하기는 매우 어렵지만….

아가와 제 아버지가 걸핏하면 화를 내니까 혹시 무서워서 특별 대우를 하는 건 아닌가 했어요.

오쓰카 그런 건 아닙니다.(웃음)

아가와 아하하, 다행입니다.

의사들은 왜 고자세인가

오쓰카 제가 원래 '내 부모님을 안심하고 맡길 수 있는 시설을 만들자'는 생각으로 병원을 시작했기 때문에, 환자 가족이 볼 때 '내 부모라면 어떻게 대우받기를 바랄까'가 저희 병원 직원들의 행동 기준, 판단 기준입니다. 그런 생각을 하다 보니 말투가 계속 신경이 쓰였지요.

아가와 실은 저도 가끔 어머니를 아이 취급할 때가 있어요. 그도 그럴 것이 점점 아이로 돌아가거든요. 그런데 남성들은 그런 말투를 싫어하잖아요. 자존심이 세고 사회적 지위에 대한 의식이 강하니까요.

오쓰카 사실 의사가 되고 나서 쭉, 왜 의사들 세계만 자기 고객인 환자에게 저렇게 고자세일까 궁금했어요. 그래서 제가 개원을 하면 병원도 서비스업이니까 '환자 = 고객'으로 제대로 자리매김하겠다고 마음먹었지요.

아가와 뭐, '고객'까지는 아니라도요. 환자 쪽에서 보면 어쨌든 자기를 살려 주는 병원에 저절로 굽신굽신하게 되니 말이에요.(웃음)

오쓰카 서비스업의 상징으로서 환자분을 'ㅇㅇㅇ 님'이라고 부르기로 했는데 당시에는 "환자에게 그렇게 아첨을 떨면서까지 돈을 벌고 싶은가?" 하고 의료계로부터 심한 비난을 받았답니다.

아가와 그런데 요즘은 환자분께 깍듯이 경어로 응대하는 병원이 많아진 것 같아요.

오쓰카 네, 마지막 순간까지 한 사람의 어른으로서 제대로 예우하고 고객으로서 대우해야 합니다. 아무리 좋은 시설을 갖추었다고 해도 직원과 환자분이 주고받는 말을 듣고 가족들이 불만을 품거나 불안하게 느낀다면 의미가 없지요. 아무리 친해도 '우리 부모님께 그렇게 버릇없이 말하지 말라'는 것이 가족들의 속마음 아니겠습니까. 수많은 시설 중에서 우리 병원을 선택해 주신 건 가족들이고, 매달 병원비도 가족들이 내지요. 무엇보다도 저희가 하는 일을 두고두고 입소문 내 주시는 것도 가족들입니다.

아가와 네, 그렇지요.

오쓰카 그러나 가족들은 '시설에 맡긴' 것에 대해서 항상 일종의 가책을 느끼고 있어요. 그래서 불만이 있어도 좀체 입 밖에 내서 말할 수 없죠. 병원은 그런 가족들의 마음을 충분히 헤아려야 합니다.

4 바보 취급 안 하기,
화 안 내기, 핀잔 안 주기

아가와 그런데 치매야말로 돌보는 사람이 꼭 필요하잖아요. 저도 조금씩 치매가 진행되고 있는 어머니를 돌보고 있는데요. 도대체 치매가 뭘까요?(아가와 님의 어머님은 2020년 5월 별세하셨습니다._옮긴이)

오쓰카 치매는 한마디로 말하면 기억의 장애로 말미암아 자기에게 들어온 새로운 정보를 제대로 처리할 수 없게 되는 상태라고 할 수 있습니다. 인간은 과거의 경험을 기억이라는 형태로 남기거든요. 그것과 대조하면서 지금 일어나고 있는 일에 대해 어떻게 반응해야 하는지 판단을 하지요. 그런데 치매는 그 과거의 기억에 뜻대로 접근하지 못하거나 바로 연결이 안 되는 상태에 있는 겁니다.

아가와 기억의 서랍이 열리지 않는 거군요.

오쓰카 그렇습니다. 비교해야 할 기준이 되는 기억에 도달할 수 없어서 지금의 상황을 어떻게 판단해야 할지 모르는 거지요. 다만, 기억이 전부 없어지는 게 아니고 일부는 남아 있어요. 그게 복잡하고 까다로운 거죠. 그 적은 양의 기억을 그러모아서 정보를 처리하기 때문에 일반 사람과는 다른 행동을 하는 겁니다.

아가와 주위 사람이 보면 이치에 맞지 않는 말이나 행동인데도, 당사자로서는 남아 있는 기억과 정보를 바탕으로 행동하기 때문에 모순을 못 느끼는 셈이군요.

오쓰카 네, 그 점이 우리가 이해해야 하는 가장 중요한 포인트죠. 치매 환자가 정보를 잘 처리하지 못해도 비난하지 않는 겁니다. 타박하거나 충고를 해도 아무 도움이 안 되거든요. 본인으로서는 적은 양의 기억을 활용해서 자기 나름대로는 최고의 판단을 내리고 행동하기 때문에 상대가 화내는 의미를 몰라요. 그보다도 우선 바보 취급당하지 않고, 꾸지람이나 타박을 듣지 않고 있다는 안정감을 주는 것이 중요해요. 이것이 치매 대처법의 기본입니다.

아가와 그렇군요. 저도 모르게 화를 내곤 하는데….

오쓰카 비난을 받으면 '내가 또 뭘 잘못했나?' 하고 불안해져서 안절부절못하게 돼요. 이 혼란이 다음 혼란을 부르기 때문에 치매 증상이 악화된 것처럼 보이는 가장 큰 이유가 됩니다.

아가와 제 어머니는 눈앞의 일은 완벽하게 처리해요. 간판이나 글자 정도는 다 읽을 수 있어요. 영어 간판도 쫙 읽고 정확하게 이해한답니다.

오쓰카 그리고 이건 참 신기한 일인데요. 예전에 바둑이나 장기를 잘 두었던 사람이 대국을 하면 치매가 상당히 진행 중인데도 본래의 실력이 나와요. 도저히 못 이기죠. 논리적으로는 설명할 수 없는데 아마도 학습한 기억이 남아 있어서 직감적으로 반응한 걸 겁니다. 이렇게 예전에 학습한 것은 의외로 두고두고 머리에 남아 있어요. 학습 기억이라는 것이지요. 그런가 하면 비교적 새로운 것이나 조금 전의 일은 금방 잊어버립니다.

아가와 분명히 '좀 전에 간 장소나 조금 전에 한 일'을 1분 후에는 잊어버려요. 그래도 가족이 볼 때 초기 단계에서는 '이럴 리가 없어. 뭔가 잘못됐을 거야' 하지요. 믿고 싶지 않은 마음과 함께 '원래대로 돌아가면 좋겠다'는 간절한 마음이 있기 때문에 자기도 모르게 책망하게 돼요. 그럼 안 된다고 생각하면서도 '아, 정말, 왜 자꾸 잊어버리는 거야!' '말이 안 되잖아!' 하며 짜증을 내고 말거든요. 이럴 때는 어떤 방법으로 억제하면 좋을까요?

오쓰카 흔히 치매에 걸리면 아이로 되돌아간다고 하잖아요. 그래서 돌보는 사람도 무심결에 아이에게 타이르듯이 대응하는 겁니다. 그러면서 교육적인 효과를 기대하고요. 단단히 타이르면 회복되어서 원래대로 돌아가지 않을까 하고 말이지요. 그러나 치매가 아이와 가장 크게 다른 점은 자기가 들은 것을 기억하지 못한다는 것입니다. 머릿속에 머물지 않아요. 새로운 것을 학습하는 것은 말할 나위도 없고 새롭게 기억할 수도 없게 되거든요. 교육적인 효과는 절대 기대하면 안 됩니다.

말을 그대로 따라 하는 것이 중요

아가와 학습은 교육으로 이어지는데 학습이 안 되니까 치매라고 하는군요. 예를 들면 어머니가 제 집에서 주무실 때 아파트라서 덧문이 없는데도 어머니는 몇 번이나 "덧문을 닫아야 하는데" 해요. 그럴 때마다 마치 처음 들은 것처럼 "우리 집에는 덧문이 없는걸요" 이렇게 부드럽게 대답하는 것이 가장 좋은가요?

오쓰카 바로 그겁니다.

아가와 알고 있는데도 정말이지 열 번 이상 같은 말을 하면 화를 내면서 "아까부터 열 번도 더 말했잖아요! 이제 기억 좀 해 보세요!" 하게 되더라고요.

오쓰카 그거야말로 교육적인 지도니까 효과가 전혀 없습니다.

아가와 아, 그러면 안 되는군요.

오쓰카 네, 무슨 말을 들어도 결코 부정하지 말 것. 그리고 가끔은 '아, 덧문요. 같이 닫아요' 하고 따라 하면 좋습니다. 반복하기만 해도 되지요.

아가와 네, 그렇군요. '없다'는 사실을 학습시킬 필요는 없는 거네요. 동의해버리면 되니까요. 그러고 보니 어머니가 식사 중에 같은 말을 반복할 때에는 제가 의도적으로 전혀 다른 화제로 돌리곤 해요. 어머니가 "이게 뭐였더라?" 하고 자꾸 물어보시면 제가 "엄마, 초등학교 어디 나왔죠?" 하면서요. 지금 반복하고 있는 화제에서 벗어나기 위해서는 다른 화제를 준비하면 된다는 것을 최근에 알게 됐거든요.

오쓰카 네, 그것도 하나의 해결책입니다.

아가와 실은 그건 제 남편이 찾아냈답니다.

5 간병은
장기전이라는 각오

아가와 어머니를 봐 드리면서 가족, 즉 '돌보는 사람'으로서의
각오가 제 나름대로 몇 가지 있어요.

오쓰카 꼭 들어보고 싶군요.

아가와 첫 번째는 '간병은 장기전이라는 걸 각오하자'는 겁니
다. 아버지는 입원하고 어머니는 치매가 시작되고, 저는 일
도 바쁜데 갱년기 장애까지 심했어요. 그래서 패닉 상태였
을 때, 여자 동창 몇 명이 모인다고 저에게도 오라는 연락이
왔어요.

오쓰카 겹쳤군요, 여러 가지가.

아가와 당연히 못 간다고 했더니 왜 못 오냐는 거예요. 그래서
지금 부모님이 좀 이러저러하시고 나도 이러저러하다고 설
명하니까, 친구가 "그렇다면 더더욱 나와, 5분만이라도 좋으

니까" 하는 거예요. 할 수 없이 나갔더니 어머나, 세상에! 다들 간병 경험자였어요. 초보자는 저밖에 없더라니까요.

오쓰카 햇병아리 아가와 씨.(웃음)

아가와 그때 한 친구가 "아가와, 앞으로 1년 열심히 하다 보면 어떻게든 될 거라고 생각하지?" 하는 거예요. 실제로 그때 저는 1년 동안 일을 줄이고 부모님 돌보기에 전념하자는 각오를 했고, 최선을 다하면 어떻게든 극복할 수 있을 거라 생각하던 참이었거든요. 그런데 친구가 "그렇지 않아. 10년이 걸릴지도 모른다. 언제 끝날지 모르는데 전력 질주하다 보면 너까지 쓰러져. 쉬엄쉬엄 해" 하더라고요. '아, 그렇구나!' 그 말을 듣고 정신이 번쩍 들었어요. 사람들이 보통 처음에는 자기 생활을 희생해서라도 열심히 해보자 굳게 마음먹잖아요.

오쓰카 끝이 정해져 있지 않다는 것을 처음 얼마 동안은 자각하지 못하니까 그럴 수밖에요. 자기 생활을 제대로 유지하면서 돌보는 일도 오래 계속해야 합니다. 그게 돌봄에서 가장 어려운 부분이지요.

아가와 저도 그랬어요. 아버지가 쓰러져서 입원하고 어머니도 건망증이 시작된 즈음에 '그래, 지금부터다. 여태까지 부모님께 신세만 졌잖아' 생각했죠.

오쓰카 많은 사람들이 그렇게 생각합니다. 어떤 일이 벌어질지 전혀 모르니까요.

아가와 그렇기 때문에 체력 분배나 경제적인 문제를 긴 호흡으로 생각해야 하는군요.

오쓰카 돌봄은 장거리 달리기 즉 마라톤 같은 겁니다. 처음부터 전력 질주하면 완주할 수 없어요. 저희 병원에도 단기간에 너무 힘을 쏟다가 완전히 지쳐서 이제 더 이상 못 하겠다며 병원으로 달려온 분이 꽤 있습니다. 조절을 잘했더라면 집에서 조금 더 오래 버틸 수 있었을 텐데 말이죠. 그분들의 공통점이 '남에게 맡길 수 없다' '최고의 간병을 하려 했다'는 것입니다. 정말로 혼자서 열심히, 모든 것을 다 떠안는 거지요.

아가와 다들 비슷하군요.

이어달리기 방식을 도입하라

오쓰카 돌봄은 마라톤이라고 했는데요. 돌봄에 필요한 것이 이어달리기 방식입니다. 가능하면 많은 사람을 참여시켜서 관계된 모두가 돌아가면서 쉴 수 있는 구조를 만드는 거죠. 그만한 도움이 있어야 계속할 수 있다는 걸 알아야 합니다.

아가와 저도 머리로는 알아요. 다른 사람의 도움 없이는 무리라는 걸. 그렇지만 현실적으로 남의 도움이 필요한 일은 갑작스럽게 발생하는데 갑자기 부탁할 수도 없고, 결국 누군가에게 부담을 주고 폐를 끼칠 바에야 내가 좀 무리하는 게 낫다는 생각이 들더라고요.

오쓰카 대개 그렇게들 말씀하십니다. 일단은 자기가 고생하면 된다고.

아가와 처음에는 누구에게 부탁해야 될지도 모르겠고 오빠와 남동생에게 이야기하는 것도 조심스러웠어요. 동생네는 애가 어려서 안 될 거고, 오빠네는 새언니 눈치가 보여서 안 될 거라고 생각했지요. 그러던 어느 날 동생이 "누나, 혼자서 다 끌어안으면 어떻게든 될 거라 생각하지? 그러지 마" 했어요. 그리고 "형과 나도 협조할 테니까 우선 교대표를 만들자" 하고 선뜻 합리적인 제안을 했는데, 저 역시 병시중은 딸이 할 일이라는 의식이 있어서….

오쓰카 저는 돌봄 전문가로서 '혼자서 전력투구하지 마라. 여하튼 가능하면 많은 사람을 끌어들여라' 이 점을 철저히 지키라고 말하고 싶습니다. 자기 자신, 즉 돌보는 사람이 최고의 컨디션을 유지하는 것이야말로 간병을 오래 계속할 수 있는 기본 중 기본입니다. 쉬엄쉬엄 하세요.

신뢰할 수 있는 교대자를 확보하라

아가와 함께 할 사람을 찾는 일이 보관함에 짐 맡기는 것처럼 쉬운 일이 아니잖아요. 날 도와줄 사람 누구 없을까 하고 고민할 때 때마침 '마미 언니'가 나타났어요. 옛날에는 부잣집이 아니라도 지방에서 올라와 신부수업 삼아서 입주하는 가사 도우미가 있었잖아요. 우리 집에 있던 사람이 바로 마미 언니예요.

오쓰카 옛날 가사 견습생 말이군요.

아가와 네, 야간 고등학교에 다니던 그 언니는 엄청 착실했는데 제가 동생을 울리거나 하면 "뭐가 문제인지 네 가슴에 손을 얹고 잘 생각해봐" 하고 엄격하게 꾸짖어 주는 사람이었어요. 어렸을 때부터 친언니 같은 존재였지요.

오쓰카 정말로 신뢰할 만한 사람이군요.

아가와 그 마미 언니가 결혼해서 지금은 자녀도 있고 손주도 있습니다만, 저희 집 일을 그만둔 뒤에도 부부가 놀러오곤 했어요. 마침 몇 년 전에 몸이 많이 안 좋아진 아버지와 어머니께 "저도 곧 정년퇴직을 하니까 뭐든 도움이 필요하시면 도와 드리러 올게요" 했다나 봐요.

오쓰카 절호의 타이밍이었군요.

아가와 '이 사람에게 의지할 수밖에 없다' 생각하고 곧장 달려가서 부탁했지요. 언니는 옛날에 어머니가 가르쳐 준 것이라며, 저희 집에서는 이제 아무도 만들지 않는 크림 크로켓을 만들어 줘서 어머니도 무척 기뻐했어요. 처음에는 출퇴근을 했는데 지금은 밤에도 가끔 봐 주고 있어요. 마미 언니가 도와주지 않았다면 저는 벌써 쓰러졌을 겁니다.

오쓰카 가족 말고도 믿을 만한 교대자가 있다는 것은 참으로 좋은 일입니다.

아가와 네, 정말 행운이라고 생각해요. 마미 언니가 쉬는 날이
나 긴급 상황이 생길 때는 오빠와 동생에게 연락하거나 다
른 사람에게 부탁하기도 하는데, 여하튼 언니가 있으니까
해결 방법의 폭이 상당히 넓어졌어요. 조력자를 얼마나 확
보하고 있는지가 중요하더라고요.

오쓰카 그게 바로 제가 말하는 이어달리기입니다. 아가와 씨의
경우처럼 믿을 만한 사람을 찾는 일이 그리 쉽지는 않겠지
만 도우미분을 활용해서라도 하여튼 조력자를 만들어야 합
니다.

경험자를 믿어라

아가와 제 친구들처럼 이야기하면 편안해지는 존재가 있는 것
도 중요해요. 더욱이 그들이 간병 경험자라면 최고지요. 지
금 70세에 가까운 마미 언니도 시어머님과 친정어머님을 돌
본 경험이 있어요. 그러다 보니 무슨 일이 생겨도 "아아, 우
리 어머니도 그러셨어" 하고 마치 포수가 글러브로 공을 받
아내듯이 척척 대답해 주지요. 그 안도감은 무엇과도 바꿀
수 없을 정도랍니다.

오쓰카 경험자보다 나은 사람은 없지요.

아가와 구체적으로 어떻게 해 주는 건 없어도 비슷한 일이 있
었다고 말해 주는 사람이 곁에 있어 주는 것만으로도 얼마

나 안심이 되는지 몰라요. '아, 그렇구나. 다들 겪는 일이구나' 하고요.

오쓰카 더구나 경험자들은 지금 뭔가 문제가 있어도 그것이 한없이 계속되지 않는다는 걸 알고 있지요. 이를테면 밤중에 큰 소리로 소란을 피워도 잠시 후에 증상이 달라진다는 걸 이미 아는 거죠. 단계가 있으니까요.

아가와 확실히 경험자들은 설득력이 남달라요.

오쓰카 '이 시기를 넘기면 어떻게든 된다'고 알려 주기만 해도 현상을 받아들이는 데 여유가 생깁니다.

아가와 어머니가 선하품을 하기 시작하고 혈압이 급격히 떨어지면서 실신하셔서 구급차로 이송한 적이 있어요. 그때 '선하품은 위험신호'라는 걸 알았기 때문에 두 번째부터는 동요하지 않고 대처할 수 있게 됐지요. 매뉴얼화 할 필요까지는 없다고 생각하지만 환자를 돌보다 보면 날마다 다른 일이 일어나기 때문에 목욕수건이 필요한지 기저귀가 필요한지 바로바로 생각해야 해요. 부모님을 간병하는 일은 누구나 다 태어나서 처음 하는 경험이고요. 그래도 세상에는 부모님 병시중 들어 본 사람이 의외로 많잖아요. 그분들이 애써 익힌 소중한 기량을 좀 더 살려야 하지 않을까요?

오쓰카 마땅히 그래야죠. 간병은 육아와 마찬가지라서 체험자들의 지혜와 경험을 모으는 것이야말로 앞으로 돌봄을 피할 수 없는 우리 사회에 커다란 힘이 될 겁니다.

6 양심의 가책
느끼기

아가와 '양심의 가책 느끼기' 이건 제가 생각해 낸 건데 아주 중 요하다고 봅니다. 어머니께는 일이 좀 많다 하고 골프 치러 간 적도 있어요. 골프 치고 와서 어머니 방에 들렀더니 "바 쁜 모양이구나. 피곤해 보인다. 어서 자거라" 하셨어요. 실은 골프 치느라 피곤한 건데요. 그런 양심의 가책 때문에 잘 해 드리게 돼요. '나는 이렇게 힘든데!' 따위의 불만만 자꾸 더 해지면 돌봄에 따르는 피로도 배로 늘어나잖아요. '실은 나 농땡이 좀 쳤어, 히히히' 하는 가책 하나쯤 마음속 서랍 안에 가지고 있으면 여유가 생겨요.

오쓰카 지당하신 말씀. 돌봄에만 국한하는 게 아니라 이 '양심 의 가책'이야말로 인간관계를 좋게 하는 묘약이 아닐까 합 니다.

아가와 이건 어떤 의미에서 바람피우는 남편이 아내에게 잘해 주는 것과 같은 원리라고 생각해요.(웃음) 간병은 정신적인 피로가 너무나도 커서 어떻게든 줄일 방법을 제 나름대로 짜낼 필요가 있다고 생각했답니다.

오쓰카 항상 긴장하고 있으면 너무 지치고 도망칠 데도 없어요. 더구나 간병의 세계에서는 좀체 '고맙다'는 말도 들을 수 없고 하니, 어디서 잠깐 한숨 돌리는 것은 필수 불가결한 요소지요. 저는 언제나 '60점쯤이 좋다'는 주의입니다. 이건 양심의 가책 같은 것을 동반하겠지만 100점을 받으려 하면 틀림없이 더 이상 버티지 못하고 주저앉게 됩니다. 간병만 그런건 아니지만요.

아가와 인생 전반이 그렇겠죠.

오쓰카 그리고 아가와 씨처럼 바쁘게 일하시는 경우에는 기분을 전환할 수 있는 마음속 서랍을 여러 가지로 준비해 두면 좋습니다.

아가와 '휴식 고수 = 간병 고수' 그렇지요?(웃음)

오쓰카 여하튼 완벽을 목표로 하지는 말자는 뜻입니다.

아가와 제 경우는 엉망진창이었어요. 처음부터 완벽하게 하려는 것도 아니었지만요.

돌봄을 받는 사람도 지친다

오쓰카 그게 좋아요. 완벽하게 하려다 보면 본인도 지치지만 실은 돌봄을 받는 사람도 지친답니다. 어차피 병간호는 초보니까 60점을 넘을 수 있으면 그걸로 충분해요. 언제까지 계속될지 모르니 돌보는 사람이 컨디션을 얼마나 좋은 상태로 유지하는지가 중요합니다.

아가와 그렇죠. 그렇기 때문에 양심의 가책을 느껴야 해요. 아까 말씀드린 '일한다고 해 놓고 실은 골프 친 것'도 그렇지만, 아버지를 위해서 소고기 전골을 만들 때도 설탕이 부족하다느니 양파가 단단하다느니 매번 너무나도 불평을 하니까 짜증이 나더라고요. 다음날, 제가 가지고 있던 아버지의 백화점 가족 카드로 제 스타킹이랑 속옷을 몽땅 샀답니다. 그랬더니 속이 후련하던데요.(웃음)

오쓰카 아하하, 그러니까 말이죠. 돌보는 사람이 컨디션을 잘 유지하기 위해서는 어느 정도 거짓말을 해도 용서받을 수 있지 않겠어요? 그런 의미에서는 아가와 씨가 가족 간병의 달인입니다.

아가와 어쩌다 보니 그렇게 됐네요. 웃음과 잔꾀로 극복했답니다. 도중에 힘이 다 소진되지 않게 앞으로도 대충대충, 쉬엄쉬엄 '60점주의'로 가겠습니다.

7 짜증 나면
웃어 버리기

오쓰카 그런데 아가와 씨는 어머님을 돌보기 시작한 지 얼마나 됐나요?

아가와 아버지가 살아 계실 때 어머니의 치매가 조금씩 진행됐으니까 벌써 6, 7년 됐나 봐요. 다행히 빠르게 악화되지 않고 천천히 진행 중이라서 그렇게까지 힘든 상황에는 이르지 않고 지금까지 왔습니다. 그리고 다행인 건 어머니의 성격 덕분인지 참으로 명랑한 치매 할머니예요.(웃음)

오쓰카 명랑한 치매 할머니라고요?

아가와 요전에도 식탁에 있는 오크라를 가리키며 "어머나, 이게 뭐지?" 했어요. 먹어 보니까 맛있었나 봐요. 제가 "이 채소가 뭔지 아세요?" 하고 되물으니 "음…, 아까까지는 알았는데" 하며 대답을 못 했어요. 제가 "오크라잖아요" 했더니 "아아, 그래, 오크라였지" 하셨죠. 잠시 후에 또 "어머나, 맛있네. 이게 뭐지?" 하고 물으셔서 "아까 말했잖아요. 자, 이게 뭐예요?" 하고 물으니 또 대답을 못 하고 "음…" 소리만 냈어요. "오크라잖아요. 왜 잊어버리는 거야?" 하니 "외우는 것도 있어" 했어요. "좋아! 그럼, 뭘 외우는데요?" 하고 심술궂게 물으니 "뭘 외우는지는… 지금, 잊어버렸다" 하시는 거예요. 나름대로 머리를 쓰신답니다.

오쓰카 아하하하, 일부러 그러시는 것 같은데요.

아가와 왜 그것만 일부러 그럴까요? 아흔이 되셨는데 부분적으로 유별나게 총명할 때가 있거든요. 그게 정말 신기해요.

들은 건 기억 못 해도 감정은 기억한다

오쓰카 아가와 씨는 어머니 돌봐 드리는 일을 억지로 하거나 괴로워하거나 슬퍼한다는 느낌이 안 들어요. 그 점이 참 좋아요.

아가와 화가 날 때도 있지요. 그런데요, 제 어머니는 정말로 귀여우세요. 사랑스럽다고나 할까요. 그리고 제가 남자 형제만 있다 보니 어머니가 볼 때 역시 딸을 가장 허물없어하실 것 같아요.

오쓰카 치매에 걸려 돌봐 드려야 하는 어머니가 사랑스럽다니, 쉽사리 할 수 있는 말은 아닙니다. 말씀을 들으면서 가장 중요한 것은 어머니를 사랑하는 아가와 씨 마음이라고 생각했어요. 그렇게 긍정적인 마음가짐은 상대방이 치매라 할지라도 그대로 전달됩니다. 그래서 악순환이 안 되는 거죠.

아가와 어머나, 전달이 되는군요.

오쓰카 치매에 걸린 사람은 그렇게 몸에서 우러나오는 감정, 즉 '기氣'에는 지극히 민감합니다.

아가와 상대방의 감정 상태를 알아챈다는 말씀이군요.

오쓰카 저희 병원에서도 때로는 야간 근무자가 '간밤에 환자분이 소동을 일으켜서 힘들었다'고 보고할 때가 있는데, 그 원인의 일부는 근무자에게도 있습니다. 근무자가 환자에게 얼마만큼 긍정적인 마음으로 대했는지에 따라서 환자의 행동이 결정되거든요. 불온한 마음으로 대하면 환자는 안정을 못 해요. 아는 거죠, 상대방의 감정을. 그래서 잠도 못 자고요. 개인의 기질도 있습니다만 역시 기분 나름이지요, 기분. 다들 이건 알아 두었으면 하는데요. 치매 환자는 들은 건 기억 못 해도 상대가 자기에게 어떤 감정을 가지고 있었는지, 분노인지 조바심인지 애정인지 그런 것만은 정확히 기억을 합니다. 그래서 어렵죠.

아가와 감정에 대한 기억은 마지막까지 남는다는 말씀이지요?

오쓰카 네, 과격하게 대하면 '이 사람은 나에게 좋은 감정을 안 가지고 있다'는 느낌만 남기 때문에 그걸 반복하면 그 사람에 대한 공포심이나 불신감이 점점 깊어집니다.

아가와 그러니까 돌보는 사람의 기분이 안정되어 있어야겠네요. 감정이 그대로 전달되어 버리니까요.

오쓰카 맞아요. 그 평정심을 유지하는 것이 대단히 중요합니다.

어머니와 함께 목욕하고 함께 잔다

아가와 '스킨십'은 매우 필요하다고 생각합니다. 요즘은 가끔 어머니와 함께 목욕을 해요. 이제 몸을 비틀거리며 걷기 때문에 어머니 혼자 욕실에 들어가는 건 위험할 것 같아서요. 처음에는 젖어도 되는 옷을 입고 어머니를 씻겨 드렸는데 점점 귀찮아지더라고요. 그래서 저도 옷을 다 벗고 들어갔더니 어머니가 "아이고, 망측해라" 하며 한차례 허둥대더니 저를 흘끔 보고는 "앵! 너, 배가 엄청 나왔구나!" 했어요.

오쓰카 아하하. 어머님이 재미로우시네요.

아가와 정말 그래요. 그런데 함께 목욕을 하면 어머니의 몸 상태를 알 수 있으니까 일석이조예요. 마구 박박 긁은 흔적도 있고 여기저기 벌레에 물렸거나 내향성 발톱이 되어 있기도 했어요. 속옷 오염 상태도 알 수 있고 말이죠.

오쓰카 정말 그렇겠군요. 대단하십니다.

아가와 그리고 극히 드문 일이긴 하지만 일부러 어머니의 이불 속에 들어가 보기도 해요. 어머니가 "아이고, 침대에서 떨어지겠다" 하고 소리를 지르지요. 비록 딸네 집이라도 낯선 환경에서 자는 게 어머니는 매우 불안할 거예요. 화장실과 밥 먹는 데도 다르고, 당신 집이 아닌 곳에서 묵는 것은 일상적이지 않으니까요.

오쓰카 말씀하신 대로 특히 치매의 경우에 그런 불안을 어떻게 줄일지도 중요합니다.

아가와 예를 들면 잠자리를 봐 드릴 때 제가 어머니 이불 속에 들어가서 "추워, 추워!" 하면서 이불을 홱 잡아당기면 어머니가 "안 돼, 나도 추워!" 하고 저는 또 "나도 춥다고!" 하며 서로 장난을 쳐요. 그러다가 갑자기 어머니가 "그래, 알았다" 하며 제 머리를 쓰다듬어서 깜짝 놀랐어요. 갑자기 맑은 정신이 된 거지요. 순간적으로 모성을 되찾은 걸까요? 그럴 때는 제가 아이처럼 일부러 어리광을 부리기도 합니다. 역시 당신이 어머니라는 걸 떠올리게 하는 것도 필요하겠다 싶어서요.

오쓰카 아가와 씨, 간병 우등생입니다!

스킨십이 중요하다

아가와 아이고. 아니에요. 그리고 가끔 꽉 껴안아요. 그러면 어머니가 "아파, 아파!" 그런답니다.(웃음)

오쓰카 그건 책을 읽고 안 것이 아니라 직접 체험해서 알게 된 건가요?

아가와 글쎄요. 스킨십이 중요하다는 건 자주 듣는 말이잖아요. 저는 어렸을 때 부모님이 쓰다듬어 주거나 손을 잡아 주거나 안아 준 적이 없어서 오히려 스킨십을 동경하는 경향이 있어요. 어머니도 좋아하는 것 같고요.

오쓰카 자신의 경험을 통해서 본질을 간파하시는군요.

아가와 아, 그게 본질인가요? 오늘 아침에도 제가 9시에는 집을 나서야 하는데 어머니가 통 일어날 기색이 없는 거예요. 그래서 "엄마, 일어나세요!" 하며 이불을 확 잡아당겼더니 "어머나, 너 화장했니?" 하더라고요. "아이 참, 얼른 일어나세요" 하며 재촉하는데 "참 예쁘구나!" 하고 나직이 중얼거리시는 거예요. 그때 마음이 좀 풀렸어요. 하지만 그 후에도 "왜 서두르니?" "일하러 가야 돼요" "일? 무슨 일?" "아, 됐으니까 얼른 일어나시라고요" "왜 일어나니?" "아이고, 참, 일하러 가야 한다니까요" "일? 무슨 일?" 이걸 장장 열 번쯤 반복하고 나서 이제 겨우 일어나시나 했더니 "어머나, 너 화장했니? 예쁘구나!" 해서 웃음이 빵! 터졌답니다. 이런 상황에서는 짜증을 내는 게 어리석다고 생각해요.

오쓰카 바로 그 점입니다. 보통 사람 같으면 짜증낼 일을 아가와 씨 자신이 웃음으로 승화시킨 겁니다. 얘기를 듣다 보니 저야말로 배울 게 많습니다.

8 환자를 돌보다 보면
의견 충돌이 있기 마련

오쓰카 치매 때문에 자주 일어나는 일 중 하나가 가장 많이 돌
봐주는 사람을 의심하는 겁니다. 그런 일이 정말 많아요. 갑
자기 터무니없는 말을 꺼내지요.

아가와 돈을 훔쳐 갔다. 밥을 안 준다. 구박한다. 그런 거 말씀
이죠?

오쓰카 네, 특히 그 대상이 되기 쉬운 사람이 함께 사는 며느리
예요. 우리가 봤을 때 가까이서 제일 애쓰는 사람일수록 표
적이 되기 쉬우니까 난처하지요.

아가와 날마다 헌신적으로 보살피는데도 시어머니가 주변 사
람들에게 흉을 보니 자기도 모르게 불효막심한 며느리 취급
을 받게 되는 거군요.

오쓰카 딸이 있는 경우에는 더 큰일이지요. 어쩌다 한 번밖에

오지 않는 딸은 어머니가 하는 말만 믿고 날마다 돌봐드리는 올케에게 애먼 소리를 합니다.

아가와 자신이 느끼고 있는 '양심의 가책'에 대한 반작용으로 뭔가 참견을 해야 직성이 풀리겠죠.

오쓰카 자기 어머니라서 '아직 정상이다, 건강하다' 믿고 싶은 마음도 있을 겁니다. 게다가 더 어려운 것이, 평소에 며느리 앞에서는 이상한 언행을 하는 어머니가 어쩌다 한 번 오는 딸 앞에서는 멀쩡한 겁니다.

아가와 그걸 본 딸은 '거봐, 우리 엄마 치매 아니라니까' 하겠죠.

오쓰카 맞아요. 그래서 주변 사람들은 치매 정도가 실제 상태보다도 가볍다고 생각하는 거고요.

아가와 며느리 처지에서는 자기가 아무리 애써도 인정을 못 받는다는 생각이 점점 깊어지지요.

오쓰카 그래서 인간관계가 엉망이 되는 사례가 많습니다. 그러니까 어쩌다 한 번 오는 딸도 하다못해 3일 밤낮은 어머니와 함께 지내봐야 합니다. 그렇게 하면 실태를 파악할 수 있지요. 하긴 상태를 보러 와서 3일 밤낮이나 함께 지내며 돌봐 줄 정도의 딸이라면 올케와도 옥신각신하지 않을 테지만요. 어려운 부분입니다.

아가와 노인들은 이따금 만나는 사람에게는 더할 나위 없이 다정한데 함께 지내는 사람에게는 불만이 있어요. 하면 할수록 보람 없는 일이 간병이에요. 경우는 좀 다르지만 제 어머니도 비슷한 일이 있었어요. 제가 어쩌다 한 번 "나 피곤하니까 엄마가 밥 좀 해 주세요" 했더니 "밥? 으~음…" 하고는 소파에서 뒹굴뒹굴하시는 거예요. 그래서 다시 한번 "엄마, 밥 좀 해 줘요" 하면 "으~음… 오늘은 피곤해. 내일 할게" 하며 소파에 누워 있었어요. 그런데 그 다음 주에 동생네가 오니까 바로 팔팔하게 움직이지 뭐예요. 상당히 부지런히 말이죠. '남자에게 부엌일을 시키면 안 된다'는 생각이 남아 있나 봐요. 그런데 딸이 있을 때는 당신이 할 필요가 없다고 생각하는 것 같아요.

오쓰카 치매 환자분들의 그런 상황 판단력에는 놀라곤 합니다. 보통 함께 살지 않는 사람이 오면 좋은 면을 보여 주려 하고 말도 조리 있게 하지요. 치매를 앓아도 임기응변 능력은 있구나 싶어요. 그것이 결국 엄청난 오해를 낳습니다만.

The Daughter from California Syndrome[3]
캘리포니아에서 온 딸 증후군

아가와 제 어머니는 예를 들어 오쓰카 선생님 같은 남자분이

---

3. 캘리포니아에서 온 딸 증후군 : 회복을 기대할 수 없는 환자의 경우, 예후가 좋지 않음을 가족과 본인에게 설명하고, 의료팀과 거듭거듭 이야기하는 과정을 통해 과도한 의료행위를 피하고 평온하게 임종을 맞이할 것을 제안한다. 이렇게 여러 번 논의를 거쳐 정한 방침이 먼 곳에 사는 딸이 갑자기 와서 자기주장을 굽히지 않아 애써 세워 놓은 계획이 엉망이 되고 마는 것을 일컫는다. 그때까지 거의 돌본 적이 없었던 것에 대한 죄책감 때문일 수도 있는데, 부모가 언제까지라도 살아 계시면 좋겠다는 마음은 이해되나 가까이에 사는 가족이 오랜 시간 논의 끝에 주치의와 정한 방침이 멀리 사는 가족의 말 한마디로 싹 바뀌어 생명 유지 장치를 달고 끝이 보이지 않는 연명치료를 하는 경우가 자주 있다고 한다.

손님으로 오시면 갑자기 옷매무시를 가다듬고 "아이고, 제 딸아이가 항상 신세를 지고 있습니다" 하며 제대로 인사를 해요. 그래서 남성을 대하는 인식을 좀 이용하는 게 좋겠다고 생각한 적도 있어요.

오쓰카 그건 여성이 왔을 때도 정확하게 알아요, 깍듯해야 한다는 걸. 다만 긴장 상황을 어떻게 만드느냐 하는 거지요.

아가와 아, 네, 긴장 상황이 중요하군요.

오쓰카 그러니까 치매에 대해서는 함께 살면서 여러 상황을 겪는 사람이 아니면 사실을 모릅니다.

아가와 미국에도 '캘리포니아에서 온 딸 증후군'이라는 것이 있다고 해요. 호스피스 의사 선생님께 들었는데요. 이따금 캘리포니아에서 온 딸이 "아직 건강한데 이런 병원에 어머니를 왜 맡겨?" "○○ 병원이 낫지 않아? 내가 아는 사람하고 굉장히 친하니까 그 병원에서 치료받는 게 어때?" "다른 의사한테도 가보는 게 좋지 않을까?" 한답니다. 물론 잘되라고 새로운 의견을 내겠지요. 그렇지만 날마다 수발드는 사람으로서는 어쩌다 한 번 오면서 무책임한 소리 좀 하지 말라고 하게 되고 거기서 큰 다툼이 일어나죠. 이런 건 흔한 간병 갈등이라고나 할까요. 일본 사람만 그런 게 아니라 전 세계에서 빚어지는 말썽 같아요.

갑자기 나타나는 먼 곳에 사는 친척 의사

오쓰카 초기 단계가 아니라 죽음이 임박했을 때도 비슷한 문제는 있습니다. '임종을 기다리고 있는 환자분에게 어떤 의료 행위를 할까. 이제 그만 수액 주입 속도를 줄여야 고통스럽지 않을 텐데' 등등, 되도록 고통이 적은 임종기를 실현하기 위해 여러 방도를 상의합니다. 항상 문병을 오는 가족과 말이죠. 그런데 마지막 단계에 이르렀을 때 멀리서 사는 친척 의사라는 사람이 나타나는 경우가 있어요.

아가와 먼 곳에 사는 친척 의사요?

오쓰카 네, 오자마자 대뜸 "밥도 못 먹는데 이런 상태에서 이 병원은 수액도 안 놓나?" 이런 말을 꺼내는 겁니다. 그 단계에서 주사를 한다면, 영양분이 듬뿍 들어 있는 중심정맥영양도 있고, 위에 구멍을 뚫어 관으로 영양과 수분을 공급하는 위조루술PEG 혹은 코로 관을 통해 공급하는 비강영양도 있지요. 우리는 그런 선택지를 죄다 검토한 끝에 하지 않는 것으로 결정한 겁니다. 그게 본인도 고통스럽지 않을 거라 판단하고요. 그런데 '자기들 편하자고 대충하는 거 아냐…?'

아가와 … 아니냐고 멀리서 온 친척 의사가 말한다는 거지요?

오쓰카 참으로 난처한 일입니다. 현장도 혼란스럽고요. 그렇게 말한 당사자는 아무 책임도 지지 않으니까 말이죠.

아가와 의사도 그러할진대 우리도 환자를 돌보다 보면 의견 충돌이 있기 마련이라는 걸 인정하고 처음부터 단단히 각오해 두는 게 좋겠네요.

9 치매에 걸려도
혼자 살기

아가와 아버지는 입원하고 나서 "나는 여기서 네 어머니와 따로따로 죽겠구나" 하고 자꾸만 푸념했어요. 어머니와 떨어지는 것이 섭섭하신 건지, "이봐!" 하고 부를 수 있는 상대가 없어서 심심하신 건지, 역시 사랑하기 때문일까요? (웃음) 얼마 뒤에 어머니가 문병을 오자 "당신도 여기 입원해" 하시는 거예요. 어머니는 가벼운 치매가 시작된 상태라 저는 '그래도 되겠네. 이렇게 호텔 같은 병원이라면 괜찮지' 싶어서 선생님께 말씀드렸더니 어머니는 집에서 생활할 수 있으니까 아직 들어오실 단계가 아니라고 하셨어요.

오쓰카 그랬지요. 제가 노인 병원 회장이지만, 고령자라도 될 수 있으면 집에서 계속 생활하는 것이 좋다고 생각합니다.

아가와 어머니가 그 무렵에는 엔간한 집안일은 아직 혼자서 할 수 있었어요. 선생님은 '치매가 시작됐다고 해서 갑자기 일상사를 주변 사람이 너무 다 거들면 증상이 더욱더 진행된다. 그러니까 치매가 있더라도 할 수 있는 동안은 혼자서 어떻게든 하는 게 서로에게 좋다'는 생각이시잖아요. 처음에는 놀랐지만, 하긴 그렇겠구나 하고 수긍이 갔습니다.

독립생활은 노화 방지를 위한 특효약

오쓰카 혼자 또는 고령자끼리 살면 몸이 좀 안 좋아도 스스로 움직여야 하니 긴장감이 있어요. 언뜻 보기에는 가혹하다 싶겠지만 그것이 노화 방지나 치매가 진행되는 것을 막는 특효약이기도 합니다.

아가와 주변 사람이 다 도와주거나 시설에 들어가 버리면 그런 긴장감은 없어지니까요.

오쓰카 여태껏 당신 나름대로 해 온 생활 전반을 다 남에게 맡기게 된달까. 아예 스스로 할 수 있는 게 없어집니다. 결과적으로 기력이 떨어지고 몸을 움직이지 않으니 체력도 저하됩니다. 다소 미흡했지만 이전에는 그런대로 했던 일을 더 이상 할 수 없게 되어 치매 진행 속도가 점점 빨라지지요. 주변에서 지나치게 보살펴 주다 보면 결국 아무것도 할 수 없는 존재가 되는 셈이지요. 그러면 가족들은 그런대로 건강하다 싶어 함께 살았는데 아무것도 할 수 없으니까 큰일이라 생각하고 어떻게 대처해야 할지 몰라서 시설 같은 데에 맡겨 버립니다. 이럴 줄 알았으면 계속 혼자서 살게 그대로 두는 것이 나았을 텐데, 하는 생각이 드는 거지요. 그런 사례는 얼마든지 있습니다.

아가와 좋으라고 그랬는데 그걸 적절하게 조절하는 게 어렵군요.

오쓰카 이를테면 자기 부모를 혼자 살게 했다손 칩시다. 건강할 때는 아침이 되면 제시간에 일어나서 세끼를 스스로 챙겨 드시고, 매일같이 목욕도 하고, 집도 깨끗하게 간수할 수 있어요. 쓰레기도 제때 잘 버리지요. 그러나 치매가 시작되면 그런 일상적인 일을 조금씩 할 수 없게 됩니다. 아침에는 좀체 일어나지 않고요. 밤이 돼도 자지 않아서 생활 리듬이 깨집니다. 식사도 하루에 두 번 정도밖에 안 하지요. 한동안 목욕도 안 하는 거 같고요.

'불내는 거 아냐?' 이건 괜한 걱정

아가와 그렇게 되면 "저렇게 온전치 못한 노인을 혼자 내버려 둬도 되는 거야?" 하고 주위에서 나쁜 소문이 나기 시작해요.

오쓰카 가족들은 그 압력에 못 이겨 함께 살게 됩니다. 곁에서 보고 있으면 전부 다 위험해 보이니까 가족들이 일일이 참견을 하지요. 바로 그때부터 아무것도 할 수 없게 되어 버립니다.

아가와 정말 그렇겠네요.

오쓰카 치매가 상당히 진행돼도 어느 정도의 수준을 유지하는 생활은 충분히 가능합니다. 치매에 걸린 분도 혼자 살 수 있어요. 그 사람 나름대로 본인이 가진 능력을 최대한 써서 생활할 수 있는데, 주변 사람들이 도와준다는 걸 알면 그때부터는 아무것도 안 하게 되지요. 그리고 반대로 자기가 뭔가를 하면 핀잔을 들어요. 실수를 지적당하니까 점점 위축되고요. 악순환이지요.

아가와 그렇군요.

오쓰카 물론 치매를 앓는 분이 혼자 사는 것은 건강할 때의 생활과는 다릅니다. 병원에 있는 게 아니니까 날마다 목욕을 안 해도, 삼시 세끼를 챙겨 먹지 않아도, 방이 더러워도, 밤에 자지 않아서 아침에 일어나지 못해도 괜찮아요. 그런 것은 사는 데 아무 지장도 없거든요.

아가와 선생님의 고견은 참으로 놀랍습니다. 하지만 역시 생활을 제대로 못하면 걱정이 되잖아요. 넘어지면 못 일어날 거라는 둥, 불을 내면 큰일이라는 둥….

오쓰카 그것은 우리가 생각하는 보통의 생활, 즉 틀에 박힌 일상이겠죠. 본인이 그다지 불편하지 않으면 그걸로 된 겁니다. 자기 나름대로 혼자서 잘 살고 있다고 생각하면 말이죠. 흔히 화기 주변 정리를 걱정하는데 치매가 있는 분도 그런대로 주의를 합니다, 인지능력이 떨어진 것치고는. 위험성이 제로라고 할 수는 없지만 주변 사람들이 걱정할 정도로 위험한 일은 거의 안 일어나요. '이러다가 조만간 불내는 거 아냐?' '굶어 죽으면 어쩌지' 하고 걱정하는 분이 많은데 저한테 물으시면 제 대답은 '괜한 걱정'입니다. 독립생활을 계속하는 것이 본인에게는 보람이고 살아 있다는 증거거든요. 세상이 좀 더 너그러워져야 합니다.

아가와 그 편협함이 결과적으로 할 수 있는 능력을 꺾게 되어 몸이 점점 쇠약해지는 셈이군요. 그런데 참, 어렵네요.(웃음)

10 고독사에 대한 이해

오쓰카 혼자서 살다가 최종적으로 아무도 모르는 사이에 세상을 떠났다고 합시다. 세상 사람들은 그걸 '고독사'라고 부정적인 의미로 말하잖아요. 그렇지만 저는 모든 고독사가 다 문제가 있는 것은 아니라고 봅니다. 임종을 지키는 사람이 없는 곳에서 죽으면 안 된다는 말인가? 해서 말이죠.

아가와 고양이는 사람이 안 보는 곳에서 생을 마친다고 들었어요. 죽을 때를 알아차리면 스스로 죽을 장소를 찾아서 떠난대요. 그런데 사회와 과학과 의료의 힘 때문에 인간을 혼자서 죽게 그냥 두지 않는 세상이 됐어요. 마음대로 죽을 수가 없게 되어 버린 거죠.

오쓰카 고독사는 '사회나 국가 탓이다' '가족이 잘못했다'는 인식이 강합니다. 사람은 반드시 누군가가 보는 앞에서 세상을 떠나는 게 당연하다는 '당연론'이 오늘날 매우 힘을 얻고 있어요. 한편으로 사람마다 삶의 방식이 달라도 좋을 것 같은데 자꾸자꾸 정도가 심해지는 느낌이 드네요. 인생의 마지막 순간만큼은 남모르게 가고 싶어 하는 사람도 있지 않을까 생각합니다.

아가와 하지만 눈 쌓인 깊은 산에 들어갈 용기는 없거든요.

오쓰카 물론 일부러 그런 곳에까지 가지 않아도 되고요. 고령자가 어느 날 갑자기 훌쩍 세상을 떠나는 일은 얼마든지 있습니다. 그게 그렇게 난처한 일일까요? 가족과 함께 살다가 아무도 모르는 사이에 죽는 경우도 얼마든지 있거든요. 뭐 유족들은 남에 대한 체면이나 사후의 절차로 어려움은 좀 겪을 테지요.

어느 정도까지 그냥 둬야 될까

아가와 실제로 고령자 혹은 치매 환자를 어느 단계까지 돌보지 않고 그냥 둬야 될까요? 선생님은 일반인들이 '이제는 정말이지 혼자 둘 수 없다'고 생각하는 선보다도 상당히 위험한 수준까지 그냥 놔둬도 된다는 생각이시지요?

오쓰카 그렇습니다. 그것은 결국 어느 정도까지 '혼자서 죽게 둬도 된다'고 각오할 수 있는가 하는 겁니다. 가족이나 그 주변에서 고독사가 사회악이라고 생각한다면 가족이 떠맡거나 시설에 맡길 수밖에 없어요. 그렇지만 아까도 말씀 드렸듯이 우선은 가족들이 상식과 사고방식을 바꿔 보면 어떨까요.

아가와 다시 말하면 '삼시 세끼를 제대로 먹고, 몸차림을 단정히 하고, 목욕은 적어도 일주일에 두세 번은 하고, 어두워지면 반드시 불을 켜고' 하는 것이 옳다는 생각을 버리라는 거죠? 그게 쉽지는 않겠지만 말씀이에요.

오쓰카 '어느 단계에서 독립생활을 그만두게 해야 할까' 따위로 논쟁을 하는 것은 본인이 결정하는 게 아니라 가족들이 결정한다는 것을 전제로 합니다. 그렇게 되면 오로지 '얼마나 안전할까, 우리가 비난받지 않을까'가 기준이 되어버리지요. 역시 저는 좀 더 다양한 생각이 허용되는 세상이 되었으면 좋겠습니다.

11 시설에 맡기는 것이 불효는 아니다

아가와 마침내 더 이상 혼자 사는 건 어렵다고 판단되어 가족이 맡을까 시설에 맡길까 고민하는 분도 많을 거라 생각합니다. 고령화 사회가 이 정도로 진행되었는데도 '역시 부모님의 임종은 병원이나 시설이 아니라 집에서 맞게 해드려야 한다'는 생각은 사라지지 않는 것 같아요.

오쓰카 제가 개원했을 당시1980년에는 더욱더 그랬습니다. 시설에 부모를 맡기는 건 불효의 대명사로 인식되었어요. 일본의 전통적 가치관은 정든 집에서 임종 때까지 가족이 수발드는 것이 옳다고 여겨 왔으니까요. 하지만 시대가 변했습니다. 옛날에는 대가족이었고 고령자도 많지 않았어요. 그러나 이제는 핵가족화가 진행되었고 고령자가 무서운 속도로 증가하고 더구나 모두 장수하게 됐지요. 간병을 주로 담당

했던 여성들도 사회에 나가 일을 하고 있고요. 즉 부모를 돌보고 싶어도 돌볼 수 없는 사람이 늘어난 겁니다. 가족이 하는 간병은 한계에 다다랐는데 낡은 가치관에 얽매여 고생하는 분이 많은 거죠. 시설에 맡긴 것을 남에게는 최대한 비밀로 하는 사람이 아직도 많습니다.

아가와 노사산姥捨山, 노인을 버리는 전설의 산에 두고 와 버린 것 같은 기분이 드는 모양이에요.

오쓰카 사회 구조가 이토록 변했는데 아직도 그 인식은 뿌리가 깊지요. 유럽에서는 부모와 자식 관계가 더욱 무미건조합니다. 성인이 되면 부모는 부모대로 자식은 자식대로 따로 사니까 다음 세대와 함께 사는 비율이 극히 낮아요. 그래서 너싱홈이라는 노인 전문 요양시설에 들어가는 것은 예삿일이에요. 오히려 시설을 제대로 정비하고 질을 높이는 것이 사회의 지혜라고 생각합니다.

아가와 유럽의 부모님들은 요양시설에 자기 의지로 들어가나요?

오쓰카 그런 것 같아요.

아가와 그래도 치매가 오거나 몸이 약해진 뒤에는 스스로 찾아서 들어갈 결심을 하기가 상당히 어렵지 않을까요?

오쓰카 부모 자식 사이가 무미건조하고 자기 일은 자기가 알아서 하는 사회니까 당연히 스스로 결정하는 거지요. 또한 요양시설에 들어갔다고 해서 자식들에게 버림받았다고 생각하는 것도 아니고, 자식들도 아무런 죄의식을 갖지 않는 것 같아요.

아가와 일본도 조만간 그렇게 되겠죠?

오쓰카 이미 상당 부분 그렇게 되어가고 있습니다. 실제로 저희 병원에서 돌아가신 분의 장례식에 가면, 유족 대표가 인사 말씀 중에 '마지막은 병원에 맡겨 매우 바람직한 임종을 맞이할 수 있었다'고 당당하게 말씀하시는 일도 드물지 않으니까요.

12 사랑만으로는
부족하다

아가와 '고령자의 혼자 살기 대환영, 모든 고독사가 다 문제는
아니다'는 선생님의 말씀을 들어 보니 정말 지당하십니다만,
그게 제 자신의 미래로서는 이해가 되는데 막상 부모님을
대상으로 생각하면 아무래도…. 그러고 보니 선생님께서 가
르쳐 주신 센류5. 7. 5의 3구 17음으로 되어 있는 짧은 시. 풍자나 익살이 특
징에 재미있는 것이 있었잖아요.

오쓰카 '내 부모님은 남에게 맡겨 두고 봉사활동 감' 그거요?
자기 부모 수발은 못 들어도 남의 부모라면 잘 돌볼 수 있다
는 말이지요. 정말로 돌봄의 참뜻을 잘 짚어냈다고 할 만한
명문장입니다. 돌봄에 대한 가장 큰 오해는 사랑만 있으면
가족이 가장 잘할 수 있다고 믿는 건데요. 그건 정말 터무니
없는 오해라고 생각합니다.

아가와 터무니없는 오해요?

오쓰카 무엇보다 말이죠, 부모 자식 사이라서 오히려 어려운 점도 있어요. 부모가 치매에 걸리면 그때까지 자녀가 품고 있던 부모에 대한 이미지가 와르르 무너집니다. 같은 말을 열 번 스무 번 하게 되고, 소변 실수도 하고 가끔은 자기 오물을 벽에 바르기도 하지요. 한밤중 가족들이 자는 틈에 냉장고에서 생고기를 꺼내 입에 넣기도 하고, 갑자기 문을 열고 거리로 나가 버릴 때도 있습니다. 그런 걸 자녀가 볼 수 있겠습니까?

아가와 우선 충격을 받겠지요.

오쓰카 그러면 가족들은 자기도 모르게 심한 말을 하게 돼요. 치매 당사자는 자기 머릿속에 남아 있는 기억과 대조 확인하면서 지금 일어난 일에 대해서 가장 적절한 행동을 취하려고 하지요. 그렇기 때문에 본인으로서는 잘 생각하고 나서 한 말이고 행동인 겁니다. 그러니까 당연히 가족이나 자녀에게 일일이 핀잔 듣는 이유를 몰라요. 여태껏 그렇게 상냥했던 딸이, 그렇게 자상했던 배우자가 갑자기 자기를 비난하고 나무라니까 당사자는 뭐가 뭔지 모르는 겁니다. 그래서 결과적으로 본인의 정신 상태가 불안정해지고 나빠지는 것이지요.

아가와 그러나 자녀 쪽에서 보면, 그토록 자기를 잘 보살펴 주고 잘 도와주던 다정한 어머니가 왜 이렇게 볼썽사나운 모습을 보일까 싶어서 남편이나 자식의 낙담은 엄청나게 크잖아요. 그런 어머니나 아내의 모습은 보고 싶지 않다고 해요.

오쓰카 남성들도 마찬가집니다. 그렇게 대단하고 일 잘하고 믿음이 두터웠던 사람이… 하며 안타까워하게 되니까요. 결국 기대하는 인간상과 현실에 커다란 차이가 생기죠. 그리고 가족은 그걸 견딜 수 없는 것입니다. 그래서 "도대체 왜 이러는데?" 하며 자녀가 가장 심하게 구는 거고요.

가족들 간에 너그럽기를 바라는 것이 가장 큰 적

아가와 가족들이라 가능한 너그러움도 있잖아요, 서로 간에.

오쓰카 바로 그겁니다. 가족이 돌보는 경우, 또 하나의 적은 서로 너그럽기를 바라는 것입니다. 돌봄 받는 사람은 자기한테 이 정도는 해 줘도 된다고 생각하고, 돌보는 사람은 이 정도는 참아 주면 좋겠다고 생각하지요. 배고파서 밥을 달라고 하면 가족은 다른 할 일도 있으니까 좀 더 기다려 달라고 해요. 아직 멀었냐고 자꾸 재촉하면 짜증을 내지요. 그러다 보면 점점 사이가 나빠집니다. 치매에 걸리면 더욱더 악화되고요.

아가와 여태껏 방귀를 뀌지 않았던 어머니가 남 앞에서 뽕- 하는 것만으로도 쇼크를 받았어요. 어머니는 방귀를 뀌지 않는 사람이라고 생각했거든요. 그런데 남들도 다들 그런다고 인정하고 대하는 사이에 점점 익숙해지긴 했어요.

오쓰카 부모님을 돌보는 것, 특히 치매 부모님을 돌보는 건 정말로 힘들다고 생각합니다. 물리적으로보다는 정신적 으로요.

아가와 맞아요. 익숙해졌다 싶으면서도 옛날로 돌아갔으면 좋 겠다는 마음과 항상 싸우고 있어요.

오쓰카 그렇지만 상대가 혹시 남이었으면 쉽게 받아들일 수 있 었을 겁니다. 타인에게는 원래 그렇게까지 기대치가 높지 않으니까요.

아가와 그렇겠네요.

몸을 일으켜 세우고, 식사 시중을 들고… 모두 프로의 솜씨

오쓰카 그래서 거기에 타인을 개입시키는 것이 서로에게 좋다 고 생각합니다. 충격을 완화시키는 거지요. 가족이 수발드는 것보다 남에게 맡기는 게 양쪽 다 마음 편합니다.

아가와 남 앞에서는 의외로 좋은 점을 보이려고 긴장도 좀 하 잖아요.

오쓰카 맞아요. 게다가 타인은 역시 프로로서 개입하니까요.

아가와 프로의 스킬은 다른가요?

오쓰카 지식, 경험, 기술이 다르지요. 부업으로는 간병을 할 수 없어요.

아가와 병든 부위뿐만 아니라 전체를 봐야 하고, 그 사람의 성격이나 기호 같은 것도 고려해야 되니 어떤 의미에서는 고급 기술이겠네요.

오쓰카 말씀하신 그대로입니다. 그런데 아직도 간병은 할 마음만 있으면 누구나 쉽게 할 수 있고, 아마추어가 눈동냥으로 마음만 있으면 할 수 있다는 인식이 우리 사회에 팽배해 있지요. 즉 간병에 대한 세간의 평가가 아직은 낮습니다. 그런 세간의 인식을 바꿔가야 해요. 그것이 제 책무지요. 프로 입장에서 보면 몸을 일으켜 세우고, 자세를 바꾸고, 식사와 배설 수발을 들고… 쉬워 보여도 모든 것에 요령이 있답니다.

아가와 정말 그래요. 제 친구 아버지가 거동을 할 수 없게 되어 집에서 어머니와 둘이 수발을 들었나 본데, 아버지를 침대 위에서 움직이려다가 어머니가 골절을 입었다는 말을 들은 적이 있어요.

오쓰카 수발을 받는 사람도 힘들어요. 몸을 일으켜 세워주는 것만 해도 아마추어가 하면 진을 빼거든요. 프로에게 간병을 받던 사람이 아마추어에게 받으면 대부분 "시설에서는 훨씬 편하게 몸을 일으켜 주었는데" 하지요. 평범한 도구만 사용해도 얼마든지 부담을 줄일 수 있어요. 그것이 바로 지식과 경험과 기술이고요. 가족이 돌보는 것은 서로에게 부담이라는 것을 우리 사회가 좀 더 인식해야 합니다.

아가와 정말 그렇겠군요.

희생양은 혼자 사는 딸

오쓰카 부모들은 자신이 간병 받을 일이 있을 때 우선 혼자 사는 딸에게 맡길 생각을 한다고 해요. 그래서 딸이 회사를 그만두고 부모님 간병에 전념하는 경우가 꽤 있습니다.

아가와 일반적으로 '아들보다 딸에게 수발을 받고 싶다'는 마음이 강하대요. 그러다 보니 딸이 거절하면 불효막심한 사람 취급을 하고요….

오쓰카 하하하하. 뭐 쉽게 생각해서 가족에게 수발을 받는다면 부인이나 딸을 생각할 겁니다.

아가와 딸이 독신이면 부모는 상당히 기대하겠죠. 일하는 딸이 직장을 그만두고 돌봐 주었으면 하거나, 시간이 될 거라 쉽게 생각해 간병을 맡깁니다.

오쓰카 참 이상한 일이지요. 그러나 독신인 딸이 회사를 그만두면서까지 수발을 든다고 해도 몇 년 뒤에 부모가 세상을 떠나면 그 다음에 어떻게 살지요?

아가와 재취업할 일자리도 없을 게 뻔하고, 상당한 부자가 아니고서는 유산만으로는 노후 보장도 안 될 텐데요.

오쓰카 시간제 비정규직으로 일한다손 치더라도 앞으로 남은 인생은 도대체 어떻게 될지. 경제적인 문제도 있지만 사회와의 관계가 끊어져 버리는 문제가 더 클 겁니다. 그렇다면 자기 부모를 전문가에게 맡기고 자기는 거기에 지불할 비용을 번다는 생각으로 직장은 그만두지 말고 사회생활을 계속하는 게 좋지 않겠습니까? 역할 분담을 해서 그 시기를 잘 참고 견뎌내겠다고 생각하는 것이 매우 중요합니다.

13 자존감
세워 주기

아가와 치매가 호전되는 경우가 있습니까?

오쓰카 일단 증세가 시작되면 원래대로 완전히 돌아오는 경우
는 없습니다. 다만 치매가 일직선으로 쑥쑥 진행되는 것을
어느 정도 억제할 수는 있지요. 일단 떨어진 기능이 70퍼센
트 정도까지 회복된다는 뜻입니다.

아가와 뭘 하는 게 효과적일까요? 어쩌다 한 번 오는 가족 앞에
서는 정정하잖아요. 그렇게 이따금씩 긴장하는 상황을 만들
어 주면 될까요?

오쓰카 가장 효과적인 것은 자신이 주위로부터 주목을 받고 있
다거나 필요한 존재라고 생각하게 만드는 겁니다. 실례를
들면 치매가 시작되어 자신의 일상생활마저도 주위의 도움
을 받아야 했던 남성이 있는데, 어느 날 부인이 쓰러져 자리

보전하고 늙게 되었어요. 자기가 부인을 돌봐 주어야 하는 상황이 된 순간에 치매 증세가 가벼워졌습니다.

아가와 어머나, 그런 일도 있군요!

오쓰카 그런데 부인이 죽어 장례식이 끝나자마자 다시 갑자기 치매가 도졌습니다. 그런 사례는 얼마든지 있어요. 인간의 힘이 정말 대단하다고 느껴지는 순간이지요. 그런 의미에서 인간은 참으로 사회적인 동물이에요. '내가 없으면 이곳이 돌아가지 않는다'는 상황에 놓이면 그 사람이 가지고 있는 최대한의 능력과 남아 있던 힘이 활성화된답니다.

"왜 일어나야 하니?"

아가와 보람이 있는 일과 없는 일은 무척 다르죠.

오쓰카 제 어머니는 99세하고 5개월 되었을 때 돌아가셨는데요. 90대 중반부터 "저승사자가 왜 빨리 안 오나, 하고 계속 기다렸단다" "요즘 눈을 뜨면, 또 어제와 똑같은 생활을 해야 하는구나. 나는 아무런 도움도 안 되고 모두를 성가시게만 하니 하루하루 또 살아야 하는 것이 무척 괴롭다. 너도 분명히 내 나이가 되면 이해하게 될 거야" 이런 말씀을 여러 번 하셨습니다.

아가와 제 아버지도 이따금 푸념을 하셨어요. 날마다 아침에 일어나서 책을 읽는 일 말고는 아무런 낙도 없는 이 상황을 도

대체 언제까지 계속해야 하느냐면서요. 타고난 구두쇠라서 "여기는 한 달에 얼마나 드느냐, 괜히 돈을 펑펑 쓸 필요가 있느냐, 이제 그만 죽고 싶다" 하셨지요.

오쓰카 구두쇠 아버님다우시네요.

아가와 최근에 어머니가 여간해서는 아침에 일어나시지 않아요. 오늘 아침에도 "아침이니까 일어나세요" 했더니 "왜 일어나야 하니?" "일어나서 뭐하니?" 하셨어요.

오쓰카 그런 말을 들으면 대꾸할 말이 없지요.

아가와 일어나서 뭔가 해야 할 일이 있다면야 졸리는 눈을 비비면서라도 일어나겠지요. 그런데 "어째서 억지로 일어나야 하니?" 하고 물으시면 말문이 막혀요.

오쓰카 누군가에게 도움이 되는 것, 기대할 만한 역할이 있는 것, 결국 인간이 살아가는 의욕의 원천은 거기에 있다 해도 틀린 말이 아니지요.

취미 활동 정도로는 안 된다

아가와 불을 사용하면 위험하기도 해서 어머니는 이제 요리를 전혀 안 하는데요. 며칠 전에 동생네 식구들이 왔을 때 "할머니가 해 주는 무쉬러우중국 가정식 계란 고기 볶음요리가 먹고 싶어!" 하고 손자가 조르니 신기하게도 어머니가 부엌에 들어가신 모양이에요. 그 말을 듣고 깜짝 놀랐어요.

오쓰카 그거야말로 당신이 필요하다고 느끼셨기 때문입니다. 기대에 부응해야 한다고 생각하신 거죠.

아가와 필연성이 필요하군요. 어머니가 다니는 '어르신 주간보호센터'에도 수예나 그림 그리기, 공작 같은 프로그램이 있는데요. 어머니도 깜빡깜빡 놓치면서 다른 분보고 "바보같이…" 하세요.(웃음) 일단 고분고분 말을 듣긴 해도 집중은 못하더라고요. 필연성이 없어서 그런지도 모르겠네요. 지금부터 새로운 취미를 찾는 건 어려울까요?

오쓰카 아마도 어머님이 그린 엽서를 한 장에 2,000원에 사 주는 곳이 있다는 말을 듣는 순간 틀림없이 의욕이 생길 겁니다. 돈을 번다는 의미가 아니고 본인이 한 일의 가치를 인정받을 수 있다는 뜻이니까 말이죠.

아가와 아, 그렇겠네요.

오쓰카 그러니까 취미로 다니는 정도로는 치매를 예방할 수 없어요. 비 오면 안 가고, 감기 기운이 있다고 안 가는 정도의 관련성으로는 의미가 없지요. '이 모임은 내가 없으면 안 된다' '내가 이 모임 총무다' 정도는 되어야 치매가 예방된다고 생각합니다. 그리고 거리에 벤치를 늘어놓고 비가 오나 눈이 오나 아침부터 저녁때까지 그곳에 앉아 있으면 시급 5,000원을 드린다고 해 보세요.

아가와 제가 갈까 봐요.(웃음)

오쓰카 등하굣길에 아이들이 "할머니, 안녕하세요?" "할아버지,

안녕히 계세요" "그래, 열심히 해라" 이런 대화를 주고받는다면 거리 방범에도 도움이 되고 삶에 의욕도 생기는 거죠.

아가와 일광욕도 되고요.

오쓰카 자신이 쓸모 있다고 느낄 수 있는 것, 그것이 중요합니다.

아가와 보람 있는 역할을 할 수 있는 자리를 주변 사람들이 만들어 주면 좋겠네요.

14 치매 조기 진단의 중요성

아가와 치매의 원인은 어디까지 밝혀져 있습니까?

오쓰카 저는 정신과 의사이고 노인 전문 병원을 운영하기 때문에 시대에 앞서서 많은 치매 환자를 봐왔다고 생각합니다. 하지만 그 원인이나 예방책은 알 수 없는 경우가 많지요.

아가와 의학이 이렇게나 발달했는데도요?

오쓰카 네, 확실한 것은 없다는 게 제 생각입니다.

아가와 치매 예방에 좋다는 것, 예를 들어 손가락 끝을 자극하거나 두뇌 훈련을 하거나 흙을 만지작거리는 것은 어떤가요?

오쓰카 사실 피아니스트도 치매에 걸리거든요. 치매에는 몇 가지 종류가 있습니다. 그중에서 좀 더 많은 것이 두 가지 있는데 뇌혈관이 막히거나 파열되어 나타나는 뇌혈관성 치매와 뇌신경세포가 사멸되고 탈락해서 생기는 알츠하이머형 치매예요. 치료법은 비슷하고 후자는 지금까지도 원인이 분명하지 않아요. 여하튼 아직 원인을 모르는 경우가 많습니다.

아가와 치매에 걸리기 쉬운 유형과 어려운 유형이 있나요?

오쓰카 그런 건 거의 없는 것 같아요. 원래부터 성격이 밝은 사람과 활동적인 사람은 잘 안 걸린다는 선입견은 있지만. 치매 발병률은 75세가 넘으면 급격히 올라갑니다. 단 90세가 넘은 분이라도 대략 30퍼센트는 치매에 걸리지 않는다고 합니다.

아가와 90세가 넘으면 70퍼센트는 치매에 걸린다고 할 수 있겠군요. 높은 확률이네요. 최근에 암 환자가 굉장히 증가했다지요? 그것도 장수하는 사람이 증가했기 때문이라던데요. 옛날에는 암에 걸리기 전에 모두 죽었잖아요. 치매도 마찬가지고요.

오쓰카 네, 맞아요. 75세 이전에 사망하면 치매에 걸릴 가능성은 훨씬 낮아집니다.(웃음)

아가와 어떤 의미에서 궁극적인 예방책이네요. 하지만 인간의 수명은 마음대로 안 되잖아요.

오쓰카 우리는 나이를 먹으면 확실히 기억력이 나빠지죠. 치매인지 아닌지 그 경계는 생활에 지장이 있는지 없는지로 나눌 수 있어요. 정말로 생활에 지장을 주는 건망증이 생겼을 때 치매가 아닌가? 하고 의심하면 됩니다.

아가와 선생님, 제가 예전부터 건망증이 꽤 심하거든요. 후후후. 그래도 지금까지 어떻게든 생활이 된다는 것은, 잊어버려도 생활에 지장이 없는 정도라서 그런가요? 아니, 주변 사람들이 도와줘서 그럴 수도 있겠군요. 결국 치매 문제는 생활 능력과 관련된 것일까요?

오쓰카 그렇다고도 할 수 있지요. 다만 아가와 씨는 누가 뭐래도 성격이 밝고 활동적이어서 치매에 걸리기 어려운 유형일 수도 있겠네요.

치매 치료약의 현주소

아가와 아니에요, 저도 위태위태한 걸요. 치매를 조기 진단하면 좋은 점이 있을까요?

오쓰카 일찍 발견해서 일찍부터 치료하면 좋다고는 하는데 현실적으로는 글쎄요…. 치료라고 해도 현 단계에서는 진행을 얼마간 늦추는 약이 있는 정도예요. 또한 현재 사용되고 있는 치매 치료약은 세간에 알려진 것 이상으로 여러 가지 부작용이 있고, 외려 약을 사용해 치매 증세가 악화되는 예도 많이 봤어요. 안이하게 복용하는 것은 생각해 봐야 합니다.

아가와 제 어머니가 사용해 봤는데요. 일단 부작용은 없는 것 같아요. 여하튼 결정적인 약은 아직 없다는 말씀이시지요?

오쓰카 네, 맞아요. 하지만 저는 치매 조기 진단은 환자를 위해
서라기보다 가족들을 위해 필요하다고 생각합니다.

아가와 그 말씀은?

오쓰카 치매에 걸린 분의 언행에는 다 나름대로 이유가 있습니
다. 본인은 그게 옳다고 믿는 것이지요. 그러니까 주변 사람
이 모든 걸 받아들이고 대처할 수밖에 없어요. 그렇다면 조
기 진단은 이에 대처하는 방법을 가족들이 일찍 배울 수 있
다는 장점이 있지요.

아가와 미리 알아 두면 당황하지 않고 대처할 수 있는 데다가,
제대로 보살피기 위해서 각오하고 결심하는 시간도 가질 수
있다는 말씀인가요?

오쓰카 맞아요. 치매의 가장 힘든 점은 본인이야 어찌 됐든 간
에 주변 사람들이 그걸 좀체 받아들이지 않는다는 것이니
까요.

15 돌봄 받는 처지에서
생각하기

오쓰카 치매 초기는 당사자에게도 상당히 힘든 시기입니다. 걸
핏하면 잊어버리니까 간단한 일이나 할 수 있던 일도 잘 안
되지요. 그리고 주변 사람들의 눈치도 왠지 이상하다는 것
을 느낄 수 있거든요. 남에게 폐를 끼치고 있다는 걸 본인도
알아요. 그럼에도 자신은 속수무책이어서 비참하고 괴롭지
요. 거기에다가 한술 더 떠서 과거에 대한 기억을 잃어버렸
기 때문에 점점 자기 자신을 잃어가는 기분이 듭니다. 앞으
로 어떻게 될까 하는 공포가 있어요. 불안하고 자신감도 잃
고요.

아가와 그러고 보니 제 어머니도 건망증이 시작된 초기에는 굉
장히 불안해하고 매우 우울해 보였어요. 그것도 그런 불안
감에서 시작된 모양이네요.

오쓰카 본인이 절대 그럴 리가 없다고 생각하지요.

아가와 까먹었다고 아버지한테 꾸지람 들을 때마다 "아녜요, 나 기억하고 있다고요" 하면서 의외로 과잉 반응하며 울기도 하셨어요.

오쓰카 '나를 바보 취급하는구나!' 하는 분노의 감정과 마음대로 움직일 수 없는 비참함 같은 것이죠.

아가와 자기 자신이 치매라는 사실을 확실하게 받아들일 때까지 어느 정도는 시간이 걸리잖아요. 그런데 그걸 인식할 무렵에는 인식한 것 자체를 잊어버리니까….

오쓰카 자신이 치매라는 사실을 받아들이기는 영원히 어려운 일일 겁니다.

아가와 본인이 그러니까 가족들도 여간해서는 받아들이기 어려워요.

오쓰카 치매에서 그 점이 가장 힘든 부분입니다.

아가와 어머니가 치매를 앓기 시작하여 이제 어떻게 할지를 의논하는 가족회의 때, 아버지를 포함한 남자들은 어머니가 치매라는 사실을 쉽사리 받아들이지 못했어요.

오쓰카 따님인 아가와 씨는 그때 남자들보다는 일찍 받아들일 수 있었나요?

남자는 해결책을 생각하고,
여자는 대응책을 강구한다

아가와 글쎄요. 일반적인 이야기가 아닐지도 모르겠는데, 여자들은 아무리 부부싸움을 해도 머릿속 한 편에서는 '오늘 저녁 반찬은 뭘 하지?' 이런 생각을 해요. 그렇듯이 어머니가 정신이 흐려진 건 슬프지만 우선 치매라는 걸 전제로 하고 그 다음에 해야 할 일을 생각하지요.

오쓰카 눈앞에 닥친 일을 대처하는 것이 먼저군요.

아가와 하지만 남자들 특히 아버지는 늘 다시 한번 해 보자며 시도하셨어요. 예를 들면 아버지 계시는 병원에 어머니를 모시고 문병 갔을 때도 "변기 물 내리는 손잡이 어디에 붙어 있는지 알아?" 이렇게 아버지가 물으니 어머니가 "당연하죠, 기분 나쁘게!" 했지만 역시 몰랐어요. 아버지는 그걸 보고 "방금 안다고 했잖소. 근데 모르잖아" 하고 몰아세웠어요. 제가 "아니, 아버지도 참, 어쩔 수 없잖아요" 해도 아버지는 "다시 한번 물 내리고 와 봐" 하며 어머니를 교육하려고 하는 거예요. 외국에 사는 남동생도 유난히 어머니를 따랐던 터라 아버지와 마찬가지로 어떻게든 어머니를 원래대로 되돌릴 수 없을까 하고, 어머니가 기억을 잃지 않도록 필사적으로 애를 쓰고 있어요.

오쓰카 그 부분에 대한 대응은 언제나 여자들이 더 현실적이지요.

아가와 그리고 또 하나, 남자들은 해결책을 생각하려는 경향이 있잖아요. 제 오빠도 "어머니가 더 이상 단독주택에 사는 건 무리니까 작은 아파트로 옮기자" 그랬어요. 어머니를 돌보는 입장에서 보면 정원이 없는 게 안심되고, 문단속 문제와 화재 위험도 있으니 아파트가 편할지도 모르죠. 하지만 문턱이나 계단 같은 것이 노약자나 장애인 친화적 구조는 아니어도 어머니에게는 익숙한 집이고, 당시에는 정원 가꾸기도 어머니의 낙이자 소일거리였기 때문에 저는 어머니 마음은 어떨지를 헤아리는 게 중요하다고 생각했어요.

오쓰카 맞아요. 당사자가 어떻게 생각할까 하는 점을 가족들이 절대로 잊으면 안 됩니다.

16 명의의 조건

오쓰카 의사가 '이제 수액을 맞지 않으면 앞으로 일주일도 버틸
수 없습니다. 어떻게 할까요?' 이렇게 물었다고 합시다. 가
족들은 목숨이 다했구나 싶어서 '그럼 수액을 중지해 주세
요' 했고 의사가 중지시켰다손 칩시다. 그러면 돌아가신 후
에 가족에게는 '그때 중지하라고 하지 않았으면 좀 더 살 수
있었을지도 모른다'는 미련이 계속 남게 마련이죠. 그래서
의사는 그렇게 물으면 안 됩니다.

아가와 그럼 어떻게 물어야 할까요?

오쓰카 '이제 수액을 맞지 않으면 앞으로 일주일도 버틸 수 없
습니다. 어떻게 하시겠습니까?' 한 후에 '제 부모님이라면
안 할 겁니다' 혹은 '저라면 더 이상 고통받고 싶지 않을 것
같아요' 이렇게 한마디를 덧붙이는 겁니다. 그러면 그 가족

은 '저희도 그럴게요' 하면 되지요.

아가와 선생님이 갑자기 동지로 보이네요. 한편이 된 것 같아요.

오쓰카 혹은 그런 것을 묻지 않고도 가족들의 평소 언행을 보고 있으면, 이제 때가 됐다고 생각한다는 걸 저절로 알게 되지요. 그야말로 환자 가족의 마음을 헤아리면서 줄탁동시가 가능한 것이 명의의 절대적인 조건이라고 저는 생각합니다.

아가와 가족이 죄책감을 느끼지 않게 말이지요.

오쓰카 그렇습니다. 그건 정말 의사가 어떻게 설명하느냐에 달려 있습니다. 가족들이 죄의식을 갖지 않고 마무리를 짓게 하는 것이 최선의 배려일 겁니다.

아가와 남겨진 가족의 마음을 헤아리는 데도 충분한 배려가 필요하군요.

내 부모라면 어떻게 해 주길 바랄까

오쓰카 결국 마지막에는 남은 가족이 어떻게 생각할까 하는 겁니다. 수액의 사례와 반대로 그렇게 고통스럽고 비참한 형태로 죽을 거면 의료적 처치는 받지 말 걸 그랬다는 생각이 가족에게 남는 경우도 피해야 하죠. 여러 개의 관을 끼운 상태로 돌아가시면 그건 그것대로 가족들은 오래도록 후회할 겁니다. 그런 의미에서 우리는 과실 여부와 상관없이 의사로서 책임을 지게 되어 있으니 가족들이 후회하지 않게 하는 것을 기준으로 판단합니다.

아가와 그런데 오늘날은 의료에 대한 여러 가지 정보가 넘치잖습니까. 흔한 일로, 의사 선생님께서 여명이 2개월 남았다고 하셨는데 반년을 살았다거나 1년이나 살았다는 사례 같은 거요. 그런 말을 들으면 이 시점에서 포기하면 안 될 것 같은 생각이 머리를 스치거든요.

오쓰카 그런 경우가 있지요. 하지만 여명이 얼마나 될지는 저희 같은 의사들도 전혀 알 수 없습니다. 그러니 '저라면 이런 판단을 할 겁니다' 하면서 자신의 생각을 전달할 수밖에 없어요.

아가와 제 아버지도 앞으로 얼마 남지 않은 것 같다고 선생님이 말씀하신 후에 급격하게 건강해지셨어요.

오쓰카 신기한 일입니다만 생명의 마지막까지를 그래프로 그린다면 일직선이 아닌 분도 있습니다. 사실 수명이란 아무도 알 수 없어요. 예부터 '사람은 병으로 죽는 게 아니라 수명이 다해서 죽는 거다'라는 말이 있지 않습니까.

아가와 아버지의 경우는 '어라, 다 나았네!' 하는 기분이 들었다니까요.(웃음)

오쓰카 제 부모님이 어떻게 돌아가셨는지 아직도 생각이 납니다. 그렇기 때문에 제 부모님에게 하지 않을 것, 하고 싶지 않은 것은 다른 사람의 부모님에게도 하지 않습니다. '내 부모라면 어떻게 해 주길 바랄까'를 항상 판단 기준으로 삼고 있거든요.

말기 암 의사의 다큐멘터리

아가와 의사로서 부모를 간병한다는 건 어떤 건가요?

오쓰카 한마디로 대단히 어렵지요. 작년에 텔레비전에서 어느 다큐멘터리 프로그램을 봤는데요. 부부가 둘 다 의사로 오랜 세월에 걸쳐 진료소를 운영하며 말기 암 환자를 돌보던 어느 날, 남편이 췌장암에 걸리고 말았어요.

아가와 호스피스 의사 본인이 암에 걸리다니요.

오쓰카 본인이 깨달았을 때는 이미 말기였답니다. 남편은 호스피스 의사로서 '이상적인 인생의 마지막을 보여 주겠다' 선언하고 텔레비전 취재를 허락한 모양이에요. "내가 죽을 때까지 계속 옆에 붙어서 촬영해도 좋다" 했어요. 실제로 임종 때 얼굴도 보여주고 화장장에서 유골이 된 부분까지 하나하나 다 비춰 줬습니다.

아가와 특별한 각오를 하셨군요.

오쓰카 그런데 그게 간단한 일이 아니에요. 부인도 10년 이상 말기 암 환자를 남편과 함께 돌봐왔는데 자기 남편이 죽는다는 사실을 받아들이지 못한 채 마지막 순간까지 포기하지 말라고 남편을 격려하던걸요.

아가와 호스피스 의사로 일해 왔는데도 자기가 환자 가족이 되면 달라지는군요. 카메라가 돌고 있어도 소용이 없었어요?

오쓰카 소용없었지요. 하지만 그 부인은 그때까지 다른 환자들에게는 제대로 대처해 왔고 훌륭하게 환자를 돌봐 왔던 것 같아요. 그런데 자기 남편이 그 상황이 되니 의사로서 이성적인 판단을 할 수 없었던 거죠.

아가와 감정이 앞서 버렸군요.

오쓰카 역시 자기 가족이 그 상황이 되면 아무리 의사라도 헤어지기 싫어서 어떤 방법을 써도 좋으니 하루라도 아니 한 시간이라도 헤어지는 시간을 늦추고 싶은 사람이 상당히 많지 않을까 생각하며 시청했습니다.

아가와 선생님도 그렇게 될 것 같으세요?

오쓰카 저도 그런 상황이 되면 어떤 판단을 할지 모르지요. 하지만 의사는 어느 정도 환자를 냉정하게 다루지 않으면 올바른 대응을 할 수 없는 것이 일반적입니다.

아가와 사사로운 감정이 들어가 버리면….

오쓰카 네, 예를 들어 39도의 열이 3일 동안 계속되었다고 합시다. 여느 때 같으면 고열이 며칠 동안 이어지는 병을 전부 생각해 내서, 감기일 확률이 가장 높다고 판단할 수 있습니다. 하지만 자신의 가족 문제가 되면 고악성도高惡性度 혈액 질환이 아닐까' '10만 명 중에 한 명이 걸린다는 희귀병이 아닐까' 하고 가장 나쁜 사례만 생각하게 되지요.

아가와 오히려 아는 게 병이네요.

오쓰카 그래서 가족은 절대로 제가 진찰할 수 없고 진찰하고
싶지도 않아요. 왜냐하면 잘못 대응하면 두고두고 이러쿵저
러쿵 뒷말을 들을 거고, 옳게 대응해도 별로 고마워하지도
않을 테니까요.(웃음)

II

돌보는 힘
_부부편

17 치매 진찰은
부부가 함께

아가와 부부 중 한쪽이 치매가 아닌지 의심될 경우 그에 따른 대처 방법이 상당히 어렵던데요. 예를 들어 지인에게서 '우리 남편이 요즘 건망증이 심해져서…'라는 얘기를 들으면 대체로 전문의에게 진찰을 받아 보라고 하잖아요. 그런데 그 말을 들은 당사자는 기분 나쁠 거예요. 유언을 써 두라는 말과 같아서 '뭐? 나더러 치매 병원에 가라는 거야?' 하고 아마 분개할 겁니다.

오쓰카 저도 혹시 아내에게 그런 말을 듣는다면 '뭐라고? 내가 치매라고?' 할 것 같은데요.(웃음)

아가와 당사자들은 대체로 저항을 하죠. 그래서 가족들은 고민을 하고 그 말을 들은 당사자도 자존심이 상하고요. 하지만 한시라도 빨리 가는 게 좋을 것 같아서 가족들은 초조하지요. '지금 가면 고칠 수 있을지도 모르는데. 원래대로 돌아올 수 있을 텐데' 생각하면서 말이에요.

오쓰카 본인이 직접 '요즘 내가 아무래도 이상하니까 전문의한 테 데려가 줘' 하는 경우는 거의 없으니까요.

아가와 저도 어머니의 치매가 진행되었을 때 병원에 모시고 가면서 어머니께는 내과 검진이라고 속이고 '신경내과'에 갔어요. 어머니가 지금보다 정신이 맑았을 때라 의사 선생님의 컴퓨터를 들여다보더니 '알츠하이머'라는 문구를 보고는 "알츠하이머라니 누가요?" 하고 물었어요. (웃음) 귀는 잘 안 들리지만 눈은 좋거든요. 그냥 일반적인 이야기라며 얼버무렸지만 당황스러웠답니다. 병원에 모시고 가는 요령 같은 게 있을까요? 타이밍을 맞추기가 어렵더라고요.

오쓰카 이를테면 부부의 경우, 부인이 몸이 안 좋으니까 같이 가 달라고 하면서 남편분을 모시고 오는 경우가 많아요.

아가와 부부가 같이 진찰을 받는다는 말씀인가요?

오쓰카 네, 부인을 진찰하는 척하면서 남편에게 여러 가지 질문을 하는 거지요. "부인 성함이 뭐라고 하셨죠? 그런데 남편분이 젊으시네요. 올해 몇 살이세요? 몇 년생이세요?" 하는 식으로 시작하는 게 자연스럽고 괜찮은 것 같습니다.

아가와 부인이 자기 병원 가는데 같이 가 달라고 하면 남편도 의심은 안 하겠네요. 말을 하고 보니 배우자가 병원에 따라와 달라고 하는 것이 의심스럽다는 뜻이 돼버리는군요. (웃음)

'지금까지와 다르다'는 점에 주의

오쓰카 그리고 고령자에게 치매가 시작되면 주변 사람들이 저절로 알 수 있어요.

아가와 예를 들어 어떤 점을 주의하면 좋을까요?

오쓰카 우선은 자세히 관찰하는 겁니다. 그러고 나서 '왠지 분위기가 다르다' '사람이 변한 것 같다'고 생각되면 치매를 의심하는 게 좋을 겁니다.

아가와 선생님, 저 좀 잘 관찰해 주세요.

오쓰카 대화는 물론 표정 같은 것도 '어딘지 모르게 달라!' 이런 느낌이 중요하지요.

아가와 사회성이 결여되기 시작한다는 뜻인가요?

오쓰카 그렇다기보다 자아내는 분위기가 달라지고 있다는 느낌이랄까요. 이를테면 이제까지 오각형 같은 성격이었다고 할 때, 치매에 걸리면 오각형의 두 가지 특징 중 어느 한쪽이 두드러집니다. 하나는 다섯 개의 각이 점점 모나고 날카롭고 뾰족해지는 느낌이 들어요. 매사에 엄격했던 사람이 더욱 예민해져서 걸핏하면 화를 내거나 짜증이 심해지죠. 절약하던 사람은 구두쇠가 되고요.

아가와 신경이 팽팽해지고 심술궂어지기 시작하는군요.

오쓰카 네, 맞아요. 다른 하나는 반대로 모서리가 없어져서 오각형보다는 원에 가깝게 보입니다.

아가와 모서리가 없어져서 온화해집니까?

오쓰카 네, 무슨 말을 들어도 반응도 안 하게 되고 언뜻 보기에 득도한 고승처럼 보이기까지 하지요.

아가와 지금까지와 다른데! 하고 느끼는 것이 체크포인트군요.

18 정년퇴직한 남편은 신입사원이라 생각하기

오쓰카 저는 말이죠, 노후를 실패하지 않기 위한 준비로서 '집 보기가 가능한 남자가 되는 것'이 상당히 중요하다고 봅니다.

아가와 몇 살 정도의 남성이 대상입니까?

오쓰카 우선은 정년퇴직한 남성입니다. 일선에서 활동하던 사람이 정년퇴직으로 할 일이 없어지고 회사에 가지 않게 되니 자유 시간이 갑자기 늘어나지요. 그렇게 되면 처음에는 좋지만 3개월, 반년 이렇게 시간이 지남에 따라 활기를 잃게 됩니다. 나이와 상관없이 가족에게 '도움이 되고 있다'는 실감을 못 느끼면 활기와 생기가 없어지니까 보면 바로 알 수 있어요.

아가와 꼭 해야 할 일이 없어지면…. 그런데 집 보기가 가능한 남자가 되는 것이 왜 중요한가요?

오쓰카 정년퇴직한 남성이 집에서 줄곧 아무것도 안 하고 있으면 과거의 업적이나 영광은 어디론가 사라지고, 3개월쯤 되면 가족에게 귀찮은 존재로 취급받게 됩니다.

아가와 부인의 시각으로는 지금까지 해 온 생활 리듬이 깨지는 것이 싫어서 그렇겠죠. 아침에 일어나서 남편이 나가지도 않고, 아침밥 먹고 빈둥거리나 했더니 "이봐, 오늘 점심은 뭐야?" 하고요. 점심을 먹고 한숨 돌리는가 싶으면 "근데 저녁은 뭐 먹을 거야?" 이런 식이지요. 제 또래 여성들은 때마침 남편이 은퇴한 시기인데, 며칠 전 모임에서 "아침 먹은 설거지가 끝났구나 싶었더니 '점심은 뭐 먹어?' 하는데 진짜 정나미 떨어져" 하며 다들 투덜거렸어요.

오쓰카 밥하라는 말을 하지 않더라도 집에 내내 있는 것이 싫은 거죠. 부인에게는 남편이 하루 종일 집에 있는 것이 굉장한 스트레스예요. 정년 후 부부 사이에 생기는 갈등의 첫 번째 원인은 거기 있습니다.

아가와 손이 가서 그런다기보다 집에 있는 것 자체가 참을 수 없는 거예요. (웃음)

오쓰카 그야말로 남자들의 위기입니다. 그러니까 가족에게 좀더 도움이 되는 존재가 되어야 해요. 다시 사회로 나가 일을 해서 돈을 벌면 좋겠지만 65세가 지나서 재취업은 상당한 각오가 필요하지요. 그래서 차선책으로 가족에게 부담을 주지 않고 하루하루 보내는 방법 찾기를 비롯해서, 혼자 집에 있더라도 신경 쓰이지 않고 걱정 안 시키는 존재가 되자는 뜻입니다.

아가와 부인이 집에 없을 때 집안일을 해 둔다는 말씀이시죠?

오쓰카 청소, 빨래, 요리 등 가사 전체를 할 수 있으면 이상적이겠지만, 우선 세끼 밥만은 스스로 차려 먹는 일부터 시작하자는 거지요.

아가와 그건 넘어야 할 산이 좀 높은 거 아닌가요?(웃음)

오쓰카 아, 삼시 세끼 다 스스로 해결하라는 건 지나치지만 적어도 점심은 스스로 해결하자는 취지입니다. 자기가 밥을 하지 않아도 돼요. 편의점에서 도시락을 사 와도 좋고 외식을 해도 좋아요. 집안일을 배울 마음이 없으면 아침에 집을 나가서 밤에까지 안 돌아오는 겁니다. 그냥 퇴직 전과 같은 생활을 하면 돼요. 도서관에서 시간을 보내든 뭘 하든 적어도 점심밥만은 부인이 챙겨주지 않아도 되게 하는 거죠. 그렇게 부인이 생활 패턴을 흐트러뜨리지 않도록 하는 게 노후에 부부관계를 원만하게 유지하기 위한 기본 전략일 겁니다.

집을 보면서 치매 예방

아가와 요리를 포함한 가사 전반은 두뇌 훈련이 되잖아요. 예를 들어 아이가 울면 잽싸게 간식을 먹이고, 물을 끓이고 그 사이에 빨래를 개고 이어서 요리 재료를 손질해서 냉장고에 넣고, 무엇을 어떤 순서로 하면 효율적일지를 재빨리 생각하고 행동하죠. 이것은 머리를 꽤 많이 쓰는 일이라고 생각합니다. 당연히 치매 예방에도 좋을 거예요.

오쓰카 맞습니다. 집안일은 지적 노동이니까 남성들도 흥미를 붙이면 상당히 재미있어하지 않을까 생각합니다.

아가와 요리를 할 수 있게 되면, 오랜 세월 불만스러웠던 아내가 해 준 메뉴를 자기 취향대로 바꿀 수 있을 테니 본인에게도 잘된 일이고요.(웃음) 특히 아내가 해 준 요리에 토를 달면 화를 내니까 계속 참고 있었던 사람은 자기가 좋아하는 맛으로 확 바꿀 수도 있어요. 그렇게 되면 머지않아 아내에게 '오늘 저녁에 약속 있어서 나가니까 저녁은 못 해요' 이런 말을 들어도 아무렇지도 않게 될 겁니다.(웃음)

오쓰카 아하하하.

아가와 다림질도 의외로 남자에게 잘 맞는 일인가 봐요. 제 남편은 집에서 다림질을 해 주는데 저보다 더 꼼꼼하고 깔끔하게 해낸답니다. 그런데 남자들은 먼저 도구부터 챙기는 경향이 있는지 엄청 커다란 다리미대를 사 왔어요.

오쓰카 남자들은 뭘 하든 우선 도구부터 사고 싶어 합니다. 제대로 갖춰지지 않으면 못 하거든요.(웃음) 하지만 그렇게 해서 남자가 조금이라도 집안일을 할 수 있게 된다면 부인은 자유로운 시간이 늘어나지 않겠어요? 그리고 반려동물을 돌보는 일도 집 보기의 중요한 일과지요. 부인이 친구와 외출한 사이에 반려동물에게 먹이를 주고 배설물을 처리하고 산책시키고. 반려동물과 집 보기를 책임지고 맡을 수 있게 되면 틀림없이 고마워할 겁니다.

아가와 그리고 동네 사람들이나 공원에 반려동물을 데리고 나온 사람들과 인사도 하고 이야기도 하면서 지역 주민들과 유대가 생기지요. 건강에도 좋고 일석삼조네요.

오쓰카 그래서 우선 혼자서 집을 볼 수 있어야 합니다. 가정생활을 원만하게 하기 위해서 그리고 아내에게 무슨 일이 생겼을 때 혼자서 해결할 수 있기 위해서죠. 더불어 치매 예방에도 도움이 되고요.

아가와 손주 돌보기도 마찬가지예요. 손주에게 음식을 만들어주고 '할아버지 맛있어요' 이런 말을 들으면 좋겠죠. 부부관계가 원만해질 뿐만 아니라 자식들도 고마워하고 손주들에게도 존경을 받을 거예요.

오쓰카 손주가 자신을 인정해 준다면 그보다 기쁜 일은 없을 테니까요. 그것만으로도 활력이 생겨서 장수할 겁니다.

집안일을 할 수 있는 남자는 오래 산다

아가와 아내가 자신보다 먼저 세상을 떠났을 때 집 보기가 가능한 남자는 확실히 오래 살 수 있는 것 같아요.

오쓰카 대부분의 남자들은 자신이 부인보다 먼저 죽는다고 생각하지만 혹시라도 부인이 먼저 세상을 떴거나 입원 중이라 혼자서 생활할 수밖에 없었던 사람은 상당히 오래 사는 것 같습니다. 어깨너머로 배워 밥을 짓기도 하고 준비 기간이 있었기 때문이지요. 하지만 집안일도 거의 할 줄 모르는데 부인이 갑자기 사망하는 경우에는 남편도 머지않아 숨지는 일이 적지 않아요. 부인을 먼저 떠나보낸 고령의 남편이 2년 이내에 부인 뒤를 따르듯이 죽는 사례를 많이 봤습니다.

아가와 안타깝네요. 생활이 불편해지자마자 떠난 거군요. 삶의 버팀목을 잃어버려서 그럴까요?

오쓰카 맞아요. 집안일을 할 수 있는 사람은 그런 상황에서 자립하려는 마음이 생기는데 아내에게 의지하던 사람은 어찌해야 좋을지 모르는 거죠.

아가와 아버지가 아직 건강하셨을 때 마작 친구의 부인이 돌아가셨어요. 그분이 "아침에 커피를 마시고 커피 잔을 식탁 위에 놔두면 밤이 될 때까지도 그 커피 잔이 그대로 있다네. 그걸 보면 슬프고 허무해서…" 이렇게 한탄했대요. 그 얘길 듣고 모두들 "아이고, 저런…!" 했지만, 저는 속으로 '자기가 치우면 되잖아!' 그랬어요.

오쓰카 원래 우리 세대 남자들은 자기 스스로 치운다는 발상 자체를 못 하는 것 같습니다.

아가와 화장실 휴지가 떨어지면 시간이 아무리 지나도 그대로 라는 말을 들었을 때도 '자기가 갈아 끼우면 될 것'을 하는 생각이 들었어요. 스스로 한 적이 없어서 화장실 휴지를 갈아 끼운다는 발상이 애당초 없는 거네요.

오쓰카 사실 저도 화장지를 사 본 적이 없긴 해요.

아가와 그럼 양말이 어느 서랍에 있는지도 모르시겠군요.

오쓰카 네, 어디에 뭐가 있는지 짐작도 못하지요. "이봐!" 하면 아내가 달려와 주니 아무것도 못 합니다. 어떡하면 좋을지 모르면서도 스스로 어떻게든 해 보려는 노력도 안 해요. 그러다 보면 결국 빠진 괴머리가 되겠죠.

아가와 무대미술가인 세노오 갓파 씨의 부인은 아주 활발한 분인데, 60대 중반쯤부터 해마다 가루이자와에 집을 얻어 '혼자서 3개월 살기'를 하고 계세요.

오쓰카 3개월이면 긴 시간인데….

아가와 갓파 씨는 음식 솜씨가 좋은 분이라서 "그래, 알았어" 하고, 모처럼의 기회라며 날마다 세끼를 식단까지 제대로 짜서 본인이 만든 요리 사진을 찍었어요. 제가 그 사진을 보고 "어머나! 이것만으로도 요리책이 되겠어요!" 하고 저도 모르게 탄성을 지를 정도로 훌륭한 요리가 모여 있었어요.

오쓰카 매일 세끼를 직접 짓다니 대단하네요.

아가와 그것을 몇 년 동안이나 계속하셨답니다. 갓파 씨는 "그 덕분에 혼자가 돼도 살아갈 수 있어. 아내는 역시 선견지명이 있단 말이야" 하며 부인에게 굉장히 고마워하시던데요.

오쓰카 그야말로 '집 보기가 가능한 남자'로군요.

'남자는 부엌에 들어가면 안 된다'는
생각을 바꾸자

—

아가와 집안일을 전혀 못하는 남자에게도 문제는 있습니다만 옛날 사고방식을 가진 아내들 역시 '남자는 부엌에 들어가면 안 된다'는 생각을 해요. 그러니까 아내들도 그런 생각을 바꿔야 하고, 농담 반 진담 반 남편을 치켜세워서라도 조금씩 집안일을 시켜야 해요. 예를 들어 아파서 열이 날 때 '내가 밥을 못 하겠으니까 쌀 좀 씻어 줄래요? 저기에 쌀이 있고 저기에 전기밥솥이 있으니 물을 부어서…' 하며 밥 짓기를 유도하는 거죠. 하루라도 가사 경험을 해 보면 남편들도 달라질 겁니다.

오쓰카 네, 퇴직 후의 삶이 시작되는 시점에 부인이 남편에게 가사 전반에 대한 조언을 구하면 어떨까요? 남자들은 업무 개선에는 관심을 보이니까요. 그리고 조금씩 가사 실무에 끌어들이는 겁니다. 갑자기 '살림을 배워!' 하고 성급하게 굴면 남자들은 '내가 하나 봐라!' 하고 심통을 부릴 테니까요. 물론 사람 나름이겠지만요.

아가와 남자들은 자존심이 센 동물이잖아요.

오쓰카 그때 중요한 것은 부인이 참교육자가 되는 것입니다. 즉 남편을 신입사원이라 생각하고 뭐든 조금이라도 할 수 있으면 칭찬을 듬뿍 해 주는 겁니다. 부인 입에서 '아이고 진짜, 앓느니 죽지' 이런 말이 나오는 순간 거기서 끝입니다.

아가와 여자들은 평소에 하던 방식이 아니라서 불편하니까 자신이 하는 게 빠르다고 생각해요. 냉장고에 넣는 것 하나도 '그걸 왜 그쪽에 넣어요?' 하고 자기도 모르게 타박을 하지요.

오쓰카 각자 자기 나름의 방식이 있을 테니까요.

아가와 제 남편은 집안일에 협조적이라서 제가 피곤한 모습으로 집에 돌아오면 "오늘은 냉동실에 있는 밥 먹어도 돼요" "외식해도 돼요" 이렇게 먼저 말해 줍니다. 하지만 저도 옛날 교육을 받은 사람이라 남은 음식 그러모아서 재빨리 대충 만들어요. 그러면 이번에는 "설거지는 내가 다 할 테니까 놔둬요" 하지요. 정말로 고맙긴 한데 잠깐 한숨 돌리고 하겠다고 미루면 저는 쌓아 놓고 못 보는 성미라서 기다려 주지 못하고 바로 설거지를 시작해요. 그러면 "내가 한다니까…" 그런답니다.

오쓰카 남자와 여자는 그런 면에서 시간 감각이 다릅니다.

참을성 있게 남편의 집안일을 지켜보기

아가와 설거지를 교대로 한다고 해도 남편이 "남은 반찬은 어떻게 해?" "식기 건조기에 있는 접시가 걸리적거리는데 어디다 둘까?" 하고 계속 물어보니까 결국 설거지를 시키기 위한 사전 준비는 제가 할 수밖에 없어요. 그래서 그만 "설거지를 해 주는 건 고마운데…" 이렇게 불평하면 "알았어, 알았어. 내가 다 할게" 그러고는 또 "이거 놔둘까 버릴까?" 열 번도 더 물어볼 겁니다. 결국 곁에서 시중을 들어야 끝이 나요.

오쓰카   그건 어쩔 수 없어요. 우선 가사를 거들 의욕이 있다는 점을 높이 사야지요.

아가와   넵! 하나씩 익히게 하는 수밖에 없겠네요.

오쓰카   참을성 있게 말이죠. 그렇지 않으면 남자는 홀로서기 위한 출발선에도 못 가요. 시작이 중요합니다. 사실은 신혼 때부터 해 두는 것이 가장 이상적이겠지만, 정년퇴직하기 전부터 아내가 인내하면서 집안일을 조금씩 가르치는 게 좋겠습니다.

아가와   처음에는 한 가지 요리를 만드는 데 냄비를 네다섯 개 사용해도 그걸 꾹 참고 '맛있었어요, 고마워요' 해야 돼요.

오쓰카   맞아요. 굳이 말씀드리자면 부인이 옆에서 계속 보고 있으면 안 됩니다. 기본만 가르쳐 주고 나서 잠시 자리를 비우는 게 좋아요. 남편이 실패를 하더라도 신경 쓰지 말아야 합니다.

아가와   접시를 깨도 화내지 말고요!

오쓰카   당연하지요. 그리고 자기가 도움이 된다는 생각이 들면

남자도 집안일을 창조적인 일이라 여기고 여러 가지로 궁리
를 할 겁니다.

아가와 고마워, 고마워! 진~짜 고마워! 하고 감사하는 훈련을
해야겠네요. (웃음)

19 혼자 살기!

오쓰카 좀 전에 '살림을 할 수 있는 남자가 되라'고 말씀드렸는데, 고령자의 최종 목표는 '혼자 살기'입니다. 이것은 남자에게만 국한된 것이 아니에요.

아가와 그 말의 진정한 의미가 뭘까요?

오쓰카 늙어서 하는 독립생활은 그 사람이 가지고 있는 모든 능력을 발휘하지 않으면 불가능합니다. 가사 전반은 물론 돈 관리나 건강관리, 주위와의 커뮤니케이션, 이렇게 날마다 생활에 관계되는 모든 것을 혼자서 한다는 의미기 때문이지요.

아가와 혼자서 집 보기를 할 수 있는 건 그 전 단계인 셈이네요. 모든 생활 기능을 몸에 익히기 위해서 말이죠.

오쓰카 살림이 가능할 정도로 가사 능력이 향상되면 치매 예방은 물론 정년퇴직한 자신에게서 뭔가 역할을 찾아냈다는 의미가 됩니다. 집에만 틀어박혀 있지도 않고, 가장 중요한 건 어떻게든 혼자서 꾸려 나갈 수 있게 되었다는 것이고요. 물론 부인이나 가족이 함께 살고 있는데 굳이 따로 나가 살라는 건 아닙니다. 그 정도의 각오를 하라는 뜻이지요.

아가와 여차할 경우를 대비해서요.

오쓰카 고령이 되면 뭘 하든 귀찮아서 속으로는 누가 좀 돌봐 줬으면 싶고, 신경 좀 써 줬으면 합니다. 하지만 그거야말로 정말 노화를 가속시키는 지름길이지요.

아가와 '혼자 살기'는 그와는 정반대로군요.

오쓰카 '제2의 인생', 자주 쓰는 말이죠. 주변 사람들이 필요로 할 만한 환경을 만들어갈 수 있을지 어떨지, 혹시 그렇지 못하더라도 최소한 남에게 피해를 주지 않고 살아가기 위해서는 어찌하면 좋을지, 그걸 생각해 두는 게 좋겠습니다.

유럽과 일본의 재택 케어는 다르다

아가와 최근에는 며느리나 자식한테 신세를 지고 싶지 않아서 혼자 사는 고령자가 늘고 있다고 들었습니다만….

오쓰카 그런 것 같아요. 옛날에 비하면 사회도 많이 변했잖습니까. 자녀와 함께 사는 것을 당연시하는 사회 분위기도 상당히 누그러졌고요.

아가와 혼자 살던 노인이 갑자기 죽으면 '독거노인' '분명히 자식이 있을 텐데 돌보지 않았나보군' 하는 부정적인 딱지가 붙잖아요.

오쓰카 그래요. 지금도 자식은 부모의 노후를 책임져야 한다는 전통적인 가치관 때문에 부모와 함께 사는 경우가 있지요. 그 점이 유럽 사회는 다릅니다. 20여 년 전에 암스테르담에 있는 시설에 견학 갔을 때 고령자가 자녀와 함께 사는 비율이 불과 5퍼센트라고 들었습니다.

아가와 어머나, 그거밖에 안 됩니까?

오쓰카 네, 고령자가 혼자서 혹은 부부끼리 살고 있는 비율이 높았어요. 일본도 자녀 동거율이 점점 낮아지고 있어서 유럽 형태로 되어가고 있습니다.

아가와 함께 사는 가족이 없는 가운데 본격적으로 돌봄이 필요한 상태가 되면 어떡해야 될까요?

오쓰카 유럽에서는 고령자가 자택에서 살고 싶다고 하면 집으로 와서 돌봄 서비스를 제공해 주는 형태가 많은 것 같습니다. 일본도 최근에 유럽을 모방한 형태의 재택 케어를 돌봄이 필요한 고령자 대책의 중요 해결책으로서 대대적인 캠페인을 진행하고 있지요. 의식조사에서 60대의 반 이상이 마지막까지 자택에서 살기를 바란다는 결과가 나왔다는 것이 그 근거입니다.

아가와 누구에게 물어보든 마지막에는 자택에서 죽고 싶은 것이 본심일 겁니다. 하지만 그런 이유로 재택 케어를 사회 전체가 받아들일지는….

오쓰카 바로 그 점입니다. 일본에서 진행하려는 재택 케어는 유럽과 근본적으로 다른 점이 하나 있습니다.

아가와 어떤 점인가요?

오쓰카 유럽의 재택 케어는 가족과 함께 살지 않는 고령자 세대만을 대상으로 하고 있어요. 하지만 일본의 재택 케어는 가족이 같이 살고 있거나 가족이 도와주고 일상생활 지원도 하는 것을 전제로 하고 있습니다.

아가와 그렇군요. 일본의 경우는 어디까지나 가족이 돌보는 것을 보조하는 서비스인 셈이군요.

일본 사람은 고독을 싫어한다

오쓰카 그리고 말이죠. 이건 민족성과 관련 있을 것 같은데 일본 사람은 고독을 못 견뎌합니다. 외부인이 와서 돌봐 줘도 하루 중 기껏해야 서너 시간이고 나머지 시간에는 혼자서 우두커니 있지요. 가령 자리보전하고 누워 있는 경우에도 간병인이 기저귀 교환이나 식사 시중을 들어 준다고는 하지만 그때 말고는 혼자 있어요. 그러다 보니 외롭다고 느끼는 거지요. 일본 사람은 역시 사람 얼굴이 보이는 곳이나 인기척이라도 나는 곳이라야 살 수 있다고 생각합니다.

아가와 유럽의 노인들은 외로워하지 않나요?

오쓰카 그게 궁금해서 그들에게 "외롭지 않나요?" 하고 물으니까 "아니요, 나는 언제나 신께서 보살펴 주시고 신과 대화를 하고 있어서 외로움 같은 건 느끼지 않아요" 하더군요.

아가와 아, 그래요!

오쓰카 이런 것이 신앙의 힘인가 보다 생각했습니다. 우리와는 상당히 다르구나 싶었죠.

아가와 그러니까 대화 상대가 신이로군요.

오쓰카 네, 그래서 혼자 있어도 그다지 외롭다고 느끼지 않아요. 일본 사람은, 저희 병원에서도 봤지만 1인실은 외롭다고 생각하는 사람이 꽤 있습니다. 저도 신앙이 없으니까 혹시라도 자리보전하게 되면 항상 인기척을 느낄 수 있는 환경이 좋을 것 같아요. 그러고 보니 병원에서 칸막이가 있는 4인실이 인기가 많은 것도 이해가 됩니다.

20 신종 화병 '부원병'

아가와 『전직―회사를 그만두고 깨달은 것』이라는 책에 나오는 이야기인데요. '다카토우 가즈오'라는 경제 소설가가 글을 쓰기 위해 종합상사를 그만두고 하루 종일 집에 있었는데 여러 가지로 좋지 않은 상황이 생겼대요. 그걸 계기로 자기가 경험한 것을 포함해서 정년퇴직자나 구조 조정으로 그만둔 사람 혹은 전직한 사람을 닥치는 대로 취재했다고 해요. 마침 구조 조정이 시작되던 시기였답니다.

오쓰카 어쩐지 그 다음 이야기를 듣기가 두려운데요. (웃음)

아가와 매일 밤늦게까지 집에 없던 남편이 어느 날부터 줄곧 집에 있는 생활이 시작되면서 부인 몸에 이상이 생기는 사례가 굉장히 많았대요. 원인 불명의 두드러기가 생기기도 하고, 아무튼 몸 상태가 점점 나빠지는데 병원에 가도 무슨

병인지 몰랐답니다. 그러다가 어느 병원에서 남편에게 원인이 있다는 진단을 받았대요. 남편이 매일 집에 있어서 생기는 스트레스라고 하더랍니다.

오쓰카 소위 말하는 '부원병夫源病'이라는 거네요.

아가와 네? 그런 병이 있어요?

오쓰카 아, 의학적인 병명은 아닙니다만.

아가와 이제까지는 남편이 출근한 후에 텔레비전을 마음껏 봤는데 정년퇴직한 다음부터는 남편이 리모컨을 차지하고 있어서 좋아하는 프로를 볼 수가 없게 됐죠. 친구와 오랫동안 전화를 하고 있으면 남편이 괜히 앞을 왔다 갔다 하며 '아직도 통화 중이야?' 하는 눈치를 주니까 전화를 끊을 수밖에 없고요. 그렇게 자기의 자유로운 시간이 없어져 버렸어요. 아까도 말씀드렸다시피 아침밥을 지었나 싶으면 어느새 점심을 준비해야 하고 무슨 일이든 자기가 지금까지 했던 방식대로 할 수 없게 된 거예요.

오쓰카 남편 처지에서는 집안의 가장인 내가 하루 종일 집에 있는 게 뭐가 문제냐 생각하겠지만….

아가와 그리고 남편은 아내가 일주일에 기껏해야 이틀 정도 외출할 거라고 생각했는데 실제로는 거의 매일 나간다는 사실을 알고 충격을 먹었다고 해요. 아내가 나가려고 하면 "어디가?" "누구 만나는데?" "몇 시에 올 거야?" "내 저녁밥은 어쩌고?" 하며 꼬치꼬치 캐물으니까 아내는 점점 짜증이 나죠.

그래서 부부 사이에 새로운 갈등이 생겼다고 책에 쓰여 있었어요.

오쓰카 부인에게는 그때까지 해온 나름의 일상 패턴이 있고 자신의 커뮤니티도 있을 테죠. 간섭받으면 싫을 거라는 게 머리로는 이해가 됩니다만.

아가와 그래서, 취재를 한 다카토우 씨 자신도 아내에게 부담을 주어서는 안 되겠다는 생각이 들어서 가능하면 밖으로 나가려고 애를 썼대요. 어느 날 아침 산책을 나섰는데 근처에 사는 아주머니 서너 명이 골목에 서서 이야기를 하고 있더래요. "안녕하십니까?" 인사를 건네고 한 시간쯤 산책하고 돌아왔는데 그때까지도 수다 중이었답니다. 집에 돌아와서 "여자들은 뭐가 그렇게 재미난 얘깃거리가 많은 거지? 저렇게 오래 이야기를 하다니 상상이 안 돼" 하고 놀라서 얘기하니 부인이 "남자들도 실컷 떠들면 되잖아요" 하더랍니다.

오쓰카 이치를 따지자면 그렇겠지만….(웃음)

아가와 "남자들도 대체로 퇴근 후에 한잔하러 가서 수다 떨지 않느냐"고 반박당한 다카토우 씨는 순간 생각이 나기에, "남자들은 부하 직원의 푸념을 들어주거나 상사의 잔소리를 들어야 하고 아니면 중재를 하느라 여러 가지로 힘들어서 술맛이 별로 안 난다, 원래 남자들은 평소 회사라는 조직 안에서 쓸데없는 말을 하지 말라는 교육을 받는다" 하고 되받았대요. 그걸 읽고 한바탕 웃었는데 남녀가 이렇게 다르구나 싫었습니다.

오쓰카 거기서도 남자와 여자는 전혀 다른 생명체라는 생각이 시작되는 것이지요.

전자레인지는 어렵다!?

아가와 선생님 자신은 어떠세요? 혼자서 집을 볼 수 있으세요?

오쓰카 … 아니, 그게… 사돈 남 말 한 격인데요. 처음으로 고백합니다만 사실 저는 집안일 같은 것을 거의 안 해 보고 지금까지 살아왔어요. 혼자서 산 적이 없거든요.

아가와 한 번도 없으세요?

오쓰카 네, 결혼할 때까지는 부모님 슬하에 있었고 혼자서 지방 근무를 간 적도 없어요. 결혼하고 나서는 아내가 집안일을 해 주는 거라고 생각했지요. 물론 여자만 하는 거라고 생각했던 건 아닌데, 여하튼 제가 하지 않아도 되는 환경에서 살아왔다고나 할까요. 그런데 한 석 달 전에 태어나서 처음으로 혼자 저녁밥을 해결해야 하는 상황이 생겼어요. 예정보다 일찍 집에 왔더니 아무도 없어서 내 스스로 무언가를 준비해 봐야겠다고 마음을 먹었지요. 그때 비로소 집에서 물을 끓여본 일조차 없다는 걸 깨달았어요.

아가와 선생님은 물도 끓여본 적이 없었단 말씀이세요?

오쓰카 네, 가스레인지의 어느 손잡이를 돌리면 어느 쪽 불이

켜지는지도 몰랐습니다.

아가와 어머나, 세상에!

오쓰카 이것저것 해 보다가 우선 냄비에 물을 끓여 인스턴트 된장국을 만드는 데 성공했어요. 밥은 분명히 냉동해 놨을 거라 생각하고 냉장고 안을 뒤졌지요. 평소 집에 들어오면 언제나 아내가, 냉동한 거 전자레인지에 돌려도 되냐고 했던 말이 생각났거든요. 그런데 요즘 전자레인지는 상당히 어렵더라고요. 그냥 시작 버튼만 누른다고 되는 게 아니잖아요. 버튼이 여러 개 있으니 겁이 나더군요. 사용 설명서를 찾아 읽고 나서 겨우 성공했지요. 하여튼 전자레인지가 작동하기까지 10분 이상 걸렸습니다.

세탁 방법을 몰라

아가와 그래도 그렇게 해서 하나 알게 되셨잖아요.

오쓰카 겨우겨우 전자레인지에 밥을 데우고 김을 꺼냈어요.

아가와 왠지 처량하네요. (웃음)

오쓰카 그리고 거기에다 날달걀을 얹고 간장을 끼얹어서 먹으면 좋을 것 같았는데 이번에는 간장이 어디 있는지 모르는 거예요. (웃음) 고군분투했는데 그게 태어나서 처음으로 제 손으로 차린 저녁밥입니다.

아가와 아, 그게 언제였어요?

오쓰카 일흔다섯에 처음으로….

아가와 간신히 한 가지 해내셨군요.

오쓰카 그런 남자가 저뿐만은 아닐 거라 생각됩니다. 그렇지 않나요?

아가와 그때까지 하루도 거르지 않고 불평 없이 식사 준비를 하신 사모님이 대단하십니다.

오쓰카 아니, 집에 아무도 없을 때도 가끔 있었죠. 그럴 때는 항상 편의점에서 주먹밥을 사 와서 먹고는 곧바로 잤어요. 아니면 어딘가에서 시간을 보내거나 누군가를 불러내서 식사하곤 했지요.

아가와 결국 부엌에 들어가는 일은 없었다는 뜻이네요.

오쓰카 네, 없었어요. 말 나온 김에 하자면 '빨래하라'는 말을 들으면 아직도 어떻게 해야 하는지 모른답니다.

아가와 선생님, 아까 그 책 읽고 공부하셔야겠어요. (웃음)

21 사랑, 장수를 위한
만병통치약

아가와 이전에 선생님께 들은 이야기가 굉장히 흥미로웠어요. 미인 수간호사님 이야기요.

오쓰카 아, 오메에서 병원을 운영하면서 요미우리랜드에 게이유 병원을 설립할 때 있었던 일이지요. 일부 직원을 새 병원으로 이동시킬 수밖에 없었어요.

아가와 그래서 오메에 있던 미인 수간호사님이 이동하게 되었군요.

오쓰카 당시 A라는 환자분이 있었어요. A 씨 부인이 80대였는데 먼저 입원하셨지요. A 씨는 집이 먼데도 열차 정기권을 사서 하루도 거르지 않고 편도 1시간 30분이 걸리는 오메 병원까지 문병을 왔습니다.

아가와 세상에나! 사랑꾼이시네요!

오쓰카 부인이 입원하고 10년 후, 그 연세에 그렇게 다니는 것도 힘든 일이다 보니 결국 A 씨도 입원하셨지요. 그분은 부인이 돌아가신 후에도 그대로 병원에 남아 계셨어요. 그런데 요미우리랜드 게이유 병원으로 수간호사가 이동한다는 소리를 듣고 A 씨는 당신도 요미우리랜드로 데려가 달라고 했어요. 그때까지 담당이었던 그 미인 수간호사에게 "제발 제 마지막을 지켜주세요. 꼭 그렇게 해 주세요" 하면서요.

아가와 그분의 부인도 그 미인 수간호사님이 담당했다고 하셨지요?

미인 수간호사 덕분에 10년 더 살았다

——

오쓰카 그랬죠. 너무나도 간곡하게 요청하시는 데다 연세도 있어서 소원 들어드리는 셈 치고 요미우리 병원으로 옮겨 드렸어요. 그랬더니 놀랍게도 그로부터 10년을 더 살고 가셨답니다.

아가와 네? 10년이나요? 누가 봐도 천수를 누리셨네요. 저도 딱 한 번 그 수간호사님을 봤는데 아키타 출신이고 하얀 피부에 마치 영화배우 같았어요.

오쓰카 A 씨 말고도 그 수간호사를 흠모했던 남성이 4명 더 있었어요. 모두 80대 후반이었는데 그런대로 건강했지요. 하지만 수간호사가 요미우리로 옮기고 나서 남아 있던 4명은

3개월도 되지 않아 모두 돌아가셨습니다.

아가와 요미우리 병원으로 옮겨가신 A 씨만 남으셨군요.

오쓰카 A 씨는 그 수간호사의 출근 여부를 확인하기 위해서 매일 자기 방에서 간호사 스테이션까지 하루에 두 번은 왔다 갔다 했어요. "오늘은 수간호사님 계시오?" 하면서. 있는 걸 알면 반드시 수간호사와 이야기를 했어요. 이런저런 용건을 만들어서 말을 걸었지요.

아가와 역시 페로몬이 중요한가 봐요.

오쓰카 편도 한 시간 반씩 들여서 매일 병원을 찾아온 이유는 부인에 대한 사랑만이 아니었을지도 몰라요.(웃음) 보고 싶은 사람이 있다는 것이 장수의 원동력이 되었음은 틀림없다고 생각합니다.

아가와 여러 번 들었는데도 너무 재미있어서 눈물이 다 나네요.(웃음)

오쓰카 정말로 저희 병원의 전설입니다.

사랑의 힘으로 정상으로 돌아온 큰어머니

아가와 그 이야기를 듣고 히로시마에 사는 제 큰어머니가 생각났어요. 집에서 넘어져 구급차로 병원에 실려 갔다가 다 나아서 집에 돌아와서는 또 넘어지기를 몇 번 반복하셨지요. 자식도 없고 연세도 있고 하여 혼자 살기는 어려운 상황이

어서 히로시마 현에 있는 고령자 시설을 찾아 입소시켜 드렸어요. 그런데 그때까지 몇 번이나 병원과 집을 오간 데다 갑자기 낯선 곳으로 옮겨서 그런지 약간의 착란 증세가 왔어요.

오쓰카 고령자에게 이동이나 급격한 환경 변화는 상당한 스트레스니까요.

아가와 어느 날 시설에서 제게 연락이 왔어요. 큰어머니께서 약간 이상 행동을 보여서 만약을 위해 가까이에 있는 정신과 병원에 입원시켰다고 하더라고요. 깜짝 놀라서 신칸센을 타고 달려갔더니, 병실 문 옆에 큰어머니가 멍한 눈으로 서 계셨어요. 말이 전혀 통하지 않아서 이제 이러다가 가시겠구나 싶었지요. 그런데 일주일 후에 다시 부모님을 모시고 상태를 보러 갔더니 "어머나, 모두 함께 웬일이래요?" 하는 거예요. 완전히 맑은 정신으로 돌아와 있었어요. "큰어머님, 어떻게 된 일이세요?" 하고 물으니 웃으며 옆에 있는 주치의를 쳐다보셨어요.

오쓰카 주치의 선생님이 몇 살이나 돼 보였나요?

아가와 오십 대 중반쯤으로 보였어요. 그 선생님이 "미쓰코큰어머니 성함 씨는 참 젊으세요. 97세인데 저보다도 건강하시다니까요" 하니까 "호호호" 하며 볼을 붉히셨어요. 큰어머니는 절대적으로 그 선생님의 페로몬 덕분에 원래대로 돌아온 거라고 확신했어요.

오쓰카 네, 틀림없습니다.(웃음)

아가와 선생님이 말씀하시는 것을 옆에서 지켜보고 있는 큰어머니는 열렬한 사랑까지는 아니지만 마치 '관심이 가는 남성 앞에서는 예쁘게 하고 있어야 해' 하는 듯한 에너지가 뿜뿜 뿜어져 나오더라니까요. 사실 젊었을 때부터 여성성이 아주 강하셨거든요.

오쓰카 사회성을 되찾으셨네요. 예쁘게 몸치장을 하고, 남 앞에 나서도 부끄럽지 않은 모습을 하고, 그런 긴장감은 굉장히 중요합니다.

아가와 실제로 그 후에도 큰어머니는 시설로 돌아가서 식당에 갈 때는 언제나 립스틱을 예쁘게 바르고 여성성을 뽐내셨어요.

여성은 젊은 꽃미남을 좋아한다

오쓰카 말 나온 김에, 저희 재활 훈련실에는 체육대학을 졸업한 젊은 꽃미남 트레이너가 여러 명 있습니다.

아가와 역시, 딱 봐도 그래 보였어요.

오쓰카 여성분들은 마음에 드는 트레이너가 있으면 아침부터 예쁘게 치장을 하고 멋을 내고 들뜬 마음으로 재활 훈련을 하러 갑니다. 매일 빠지지 않고 말이지요. 심지어 10시부터 시작인데 9시에 이미 준비 완료랍니다.

아가와 데이트하러 가는 것처럼.(웃음) 남성이나 여성이나 똑같군요.

오쓰카 아니, 다른 점도 있습니다. 남성은 연령에 관계없이 이성으로 인정하는 경향이 있어요. 자신을 보살펴 주는 상냥한 여성이면 연령에 그다지 관계없지요. 하지만 고령 여성 대부분은 남성을 보는 눈이 상당히 까다롭습니다. 어지간히 멋진 남성이 아니라면, 마흔 넘은 남성에게는 이성으로서의 관심을 나타내지 않아요. 아가와 씨 백모님은 대단히 드문 경우예요. 예외적으로 멋진 남성이었나 봅니다.

아가와 여성이 더 까다로운 편인가요?

오쓰카 그렇습니다. 특별히 인기가 있는 건 뭐니 뭐니 해도 꽃미남이지요. 저도 의사 가운을 입고 있으니 아직은 말을 걸어 줍니다만.(웃음) 가운을 입지 않고 있으면 '저 노인네 뭐 하러 왔나?' 하는 눈치라니까요. 여성들의 냉정함을 느낍니다. 그래서 여성분들에게 물어보니까 꽃미남은 세포를 활성화시키는 효과가 있답니다. 생명력의 근원이지요.

22 명함 만들기

아가와 입원 중인 고령자의 경우 남성과 여성의 차이가 있을
  까요?

오쓰카 우선 남성은 입원 중에 좀체 주변 사람과 대화를 안 합
  니다. 이를테면 4인실에서 인사조차 안 해요. 몇 달이 지나
  도 도무지 마음을 열려고 하지 않아요. 가장 심한 경우가 남
  성 2인실에서 '옆 사람 코 고는 소리가 시끄럽다, 저 사람이
  내 쪽에 짐을 놓았다' 하며 영역 다툼을 합니다. 그에 비해
  여성들은 입원하고 5분도 안 돼서 같은 병실을 쓰게 된 사
  람과 완전히 친해져서는 이런저런 이야기꽃을 피우죠.

아가와 여성끼리 다툼은 없나요? 좋고 싫음이 있을 텐데요.

오쓰카 의외로 그런 게 없던데요. 같은 병실을 쓰는 사람 사이
  의 말썽은 대개 남성에게서 나타납니다. 반대로 여성은 주

변에 누구라도 있는 것을 좋아하는 것 같아요. 다른 사람과 같이 있는 것이 좋은 거죠. 거리가 가깝고 어느 정도 이야기 할 수 있어야 안심하는 것 같고요. 남자와 여자가 애당초 다른 생명체라는 건 아프리카에 가면 바로 알 수 있습니다. 야생동물의 암컷은 모두 무리를 지어 있고, 수컷은 무리에서 뚝 떨어져 한 마리씩 행동하지요.

아가와 후후후. 암컷이 먹이 사냥을 하니까요.

오쓰카 맞습니다. 수컷은 일을 안 하죠. 수컷은 암컷을 차지하는 것과 영역 다툼이 최대의 관심사라고나 할까요.

아가와 종족 번식과 영역 다툼.

오쓰카 네, 그 두 가지밖에 관심이 없습니다. DNA에 기록되어 있지요.

아가와 하지만 암컷을 차지하는 데 관심이 있다면 여성에게 다가가는 것도 이상한 일이 아닐 텐데요.

오쓰카 관심은 있을 텐데 자기가 먼저 다가가는 건 별로라 그걸 표현 안 합니다. 상대가 적극적으로 나오면 마음이 움직일 수도 있겠지만.

아가와 그렇다면 남녀 혼용 병실은 어떨까요?

오쓰카 그런 생각을 해 본 적도 있는데 가족들이 허락하지 않을 겁니다. 남녀 혼용 병실로 하는 것이 남성에게는 의사소통하는 기회를 주고, 여성들도 여러 방면으로 신경을 쓰다 보면 소위 '일상생활'이라는 것을 제대로 할 계기가 될 것도 같아요. 하지만 가족들 입장은 자기 어머니나 아버지가 모르는 이성과 같은 병실을 사용하는 데 동의하지 않을 겁니다.

아가와 남성들은 내버려 두면 자기 마음대로 시간을 보내나요?

오쓰카 천만에요. 병원에서 어떤 제안을 하지 않는 한 아무것도 안 해요. 우두커니 앉아 시무룩하게 있어요. 남성의 노후는 참 쓸쓸합니다. 무료하기 짝이 없지요.

거만하고 화내고 자랑하고

아가와 남성은 다들 그렇습니까?

오쓰카 그중에는 여성에게 인기가 많은 남성도 드물지만 있습니다. 우선 여성 직원이 가만히 둘 수 없을 만큼 끊임없이 말을 걸고 싶고 보살펴 주고 싶은 남성 환자가 있어요. 밤에 병실을 순회하다가 그 남성이 깨어 있으면 간호사 스테이션으로 모시고 와서 차나 과자를 드리거나 이야기를 하지요.

아가와 그런 남성은 어떤 유형이에요?

오쓰카 기본적으로 다정하고 사소한 것에 신경을 써 줍니다. 이를테면 머리 모양이 바뀌었다거나 화장이 달라진 것에 관심을 가지고 칭찬해 주지요.

아가와 척 보면 알 수 있나요?

오쓰카 여성이라면 바로 알 수 있지요. 분명 이런 유형의 사람은 사회생활을 할 때부터 여성들이 가만두지 않았을 테니까 인기를 끌었을 겁니다.

아가와 그럼 반대로 직원들이 싫어하는 유형도 있나요?

오쓰카 있지요. 거만하고 걸핏하면 화내고 자기 과거를 자랑하는 등 요컨대 밉살스러운 유형입니다.

아가와 남성들은 입원해서도 인기 있는 유형이 되고 싶겠지만 남을 칭찬하는 데에 서툴러서 말이죠. 특히 나이든 아저씨들은요.

오쓰카 그렇죠. 타고나야지 노력해서 되는 게 아닙니다.

아가와 책임을 맡은 쪽에서 보면 남성과 여성 어느 쪽이 더 힘드세요?

오쓰카 병원에서 돌보는 처지에서 보면 압도적으로 남성 쪽이 힘이 더 들어요. 직원이 끊임없이 말을 시켜야 하고, 방에서 데리고 나와야 하고 참 손이 많이 갑니다.

아가와 그렇군요. 오랜 세월 남이 해 주는 것을 받는 데만 익숙해져서 그런가 봐요.

오쓰카 바로 그겁니다. 여성은 집단을 만들어 놓으면 그냥 놔둬도 전혀 문제가 없어요. 서로서로 보살펴 주니까요. 반면 남성은 저희가 적극적으로 관심을 나타내지 않으면 곧바로 병실에 틀어박혀서 나오지 않게 됩니다.

남성은 회의와 명함과 스피치

아가와 남성들은 병원에서 하는 생일파티나 하이쿠일본 정형시의 한 종류 모임 같은 곳에 자발적으로 참가하나요?

오쓰카 남성들은 무슨 자존심인지 그런 곳에 참가하는 것을 좋아하지 않는 사람이 많아요. 그런데 말이죠, 남성들을 확실하게 끌어내는 유일한 방법이 있어요.

아가와 뭘까요? 궁금한데요. 미인을 사회자로 세우는 것?

오쓰카 그것도 좋겠지만 "오늘은 회의를 합니다" 하고 알려 주는 겁니다.

아가와 회의요?

오쓰카 네, '전 △△주식회사 대표이사 ○○○' 이렇게 전직이라도 좋으니까 가능하면 직함이 들어있는 명함을 만드는 겁니다. 그렇게 하면 모두 넥타이를 말쑥하게 매고 멋을 내고 참가해요. 그리고 회의 석상이니까 서로 명함을 교환하고 이야기를 시작하지요. 그 중에는 "오늘의 의제는 무엇으로 할까요?" 하며 회의를 주도하는 사람도 있어요. 여성들은 장소나 모임의 내용에 관계없이 모이면 즐겁게 이야기를 하는데 말이죠.

아가와 재밌네요. 직함과 목적이 명확해지면 움직일 수 있군요. 여성들은 직함이나 목적, 때로는 나이 고하를 막론하고 격의 없이 이야기하는데요.

오쓰카 남성들은 일일이 절차가 필요합니다. 게다가 항상 상대방을 평가해요. 저 녀석이 나보다 위일까 아래일까 하는 식으로 말이죠.

아가와 자신의 입지를 확인한다는 뜻이군요.

오쓰카 그리고 사전에 "개회식 스피치를 부탁드립니다" 이렇게 말해 둡니다. 그러면 이제까지 거의 말을 한 적이 없어서 '이 사람에게 그런 게 가능할까?' 싶은 사람이라도 깜짝 놀랄 정도로 그 장소에 딱 어울리는 스피치를 할 수 있답니다.

아가와 '오늘 이렇게 모여 주셔서 진심으로…' 이렇게요?

오쓰카 네, 맞아요. 병원 직원에 대한 감사 인사를 즉흥적으로 하기도 하죠. 저보다 훨씬 잘합니다. 참으로 놀라워요. 이 사람에게 이런 능력이 있었나? 할 정도로 전혀 다른 사람이 되지요. 자기가 필요하다 싶고, 이 역할은 자기밖에 할 수 없다고 생각할 때 발휘되는 인간의 힘은 정말 대단합니다.

아가와 본인의 힘을 끌어내는 계기를 만드는 것이 중요하군요.

오쓰카 대개 남성들은 수다를 싫어하고 의사소통에도 서툴러서 '역할'이나 '대의명분'이 필요합니다. 그리고 여성들은 세상사는 잘 주고받는 반면 많은 사람을 앞에 두고 하는 스피치는 서툴 수도 있습니다. 여하튼 인간의 잠재 능력에는 놀랄 만한 부분이 있어요. 겉으로 봐서는 알 수 없는 능력을 지닌 채 나이를 먹어가지요. 그리고 말이죠, '수치화'나 '순위'도 남성들을 활성화합니다.

아가와 아, 조금 알 것 같아요.

경쟁심과 가시화

오쓰카 재활 치료도 정확하게 수치화하는 것을 굉장히 좋아합니다. '오늘은 페달을 몇 번 밟았다' '저 녀석보다 내가 몇 개 더 많다' '이번 주 1위는 나다' '지난주보다 몇 회 늘었다' 이 같은 수치화가 남성에게는 자극이 됩니다.

아가와 경쟁심과 가시화 말씀이군요.

오쓰카 나이를 먹어도 남성의 관심은 끊임없이 '자기보다 위인지 아래인지'에 있습니다. 다만 서로 경쟁하는 동안은 좋은데, 명백하게 지거나 하면 더 이상 재활 치료를 받으러 오지 않아요. 조절이 어렵지요.

아가와 반대로 여성 고령자의 잠재 능력을 높이는 방법이 있습니까?

오쓰카 그건 역시 그거죠.

아가와 젊은 남자?

오쓰카 마음이 끌리는 대상이 있으면 특별한 날이 아니라도 꼬박꼬박 화장을 하고 몸치장을 하니까요. 특히 여성은 자신을 예쁘게 보이기 위해 멋 낼 구실을 만드는 것이 중요합니다.

아가와 제 어머니는 치매를 앓고 있지만 좋고 싫음은 의외로 분명해요. 눈에 띄어서 좋겠다는 생각에 평소 같으면 어머니가 입지 않을 빨간 코트를 사드렸어요. "이게 좋지 않아요?" 하니까 "어머, 그러니? 그럼, 한번 입어 보마" 하며 그날은 수긍을 하고 입었는데 그 후로 단 한 번도 안 입으셨어요. 빨간색이 싫대요. 꽃도 빨강보다 파란 계통을 좋아하고요.

오쓰카 색에 대한 취향은 나이가 들어도 변하지 않나 봅니다.

여성은 백화점에 쇼핑하러

아가와 남녀 차이에 대해서는 엔도 슈사쿠 씨가 생전에 이런 말씀을 하셨어요. "입원 중인 남편이 점점 쇠약해져서 기억이 가물가물해져도 마지막까지 기억하는 단어는 부인이나 딸의 이름이다. 그런데 반대로 부인이 쇠약해서 기억이 희미해졌을 때 가장 먼저 잊어버리는 것이 남편 이름이다"

오쓰카 하하하하.

아가와 남성들은 부인이나 딸을 밥해 주는 사람이라 생각하고 있으니 목숨 줄로서의 기억만 남아 있나 봐요.

오쓰카 부인이 먼저 세상을 떠난 경우 남편은 2년 이내에 뒤를 따르는 사람이 적지 않다고 들었습니다.

아가와 부인이 없으면 아무것도 못 하니까 여러모로 힘들어서 그런가 보네요.

오쓰카 그렇지만 남편이 먼저 떠난 경우, 부인은 반년이 지나면 완전히 건강해지죠. 씻은 듯이 말입니다.

아가와 반년 이상 슬픔으로 지내는 부인도 계세요. 하지만 어쨌든 회복이 되지요.

오쓰카 그리고 이런 이야기도 있습니다. '부인이 입원하면 남편은 기차 정기권을 끊어서 매일 문병을 간다. 그런데 반대로 남편이 입원하면 부인은 정기권을 끊어서 매일 시내 백화점에 간다'

아가와 대~박!(웃음)

III

돌봄 받을
마음의 준비

23 75세가 전환점

오쓰카 저도 벌써 일흔다섯입니다. 흔히 말하는 후기 고령자가
되었지요. 정말로 적응이 안 됩니다. 왜냐면 저는 서른여덟
에 노인 대상 병원을 시작해서 줄곧 고령자를 관찰해 왔어
요. 그런데 솔직히 말해서 저 자신이 75세가 되리라고는 생
각지도 못했거든요.

아가와 네에? 본인만 특별히….

오쓰카 그렇습니다. 머리로는 이해하는데 '내 자신이 후기 고령
자 대열에 들다니…. 그렇다고 해도 먼 훗날의 일'이라고 생
각했어요.

아가와 수많은 고령자를 보면서도 '다음에는 내 차례다' 이런
느낌이 없으셨어요?

오쓰카 네, 그랬지요. 하지만 저 자신에게 일어나고 있는 일은

바로 제가 지금껏 관찰해 온 그대로였습니다. 눈이 침침하고 귀도 잘 안 들리고 주변 사람들의 대화를 따라갈 수가 없어요. 조금 많이 움직이면 그다음이 힘들고요. 같은 이야기를 반복하는 일은 다반사죠. 최근에는 그 점이 불안해서 말을 할 때 '전에도 말씀드렸는지 모르겠지만' '전에도 여쭤봤는지 모르겠지만' 하는 식으로 서두가 늘어서…. 요전 날도 2주 전에 만나 식사를 한 사람과 무슨 이야기를 했는지 아무것도 생각나지 않을 뿐만 아니라 만난 사실조차 어렴풋했던 충격적인 체험을 했습니다. 뭔가 실수를 할 때마다 나이를 먹는다는 게 이런 거구나 하고 의기소침해진답니다.

아가와 흠흠, '아, 이런 거구나' 이 말씀은 아직 자신이 건강하고 금방 회복될 테니 괜찮다고 생각한다는 증거 아니겠어요? 좀 더 시간이 지나면 그런 여유는 없을 거예요, 분명히. 그래도 아직은 이대로 가면 큰일 나겠다고 진심으로 걱정하시는 건 아니잖아요. 의사도 아닌 제가 위로하는 게 좀 뭣하지만요.(웃음)

오쓰카 사실 이성적으로는, 사람은 누구나 나이를 먹고 틀림없이 죽는다는 걸 알면서도 진심으로 자신이 고령자가 될 거라는 생각은 안 하잖아요. 더군다나 죽는 날이 온다는 건. 역시 왠지 남의 일로 생각되지요.

아가와 저는 요즘 어머니를 돌보다 보니까 '언젠가 나도 이렇게 되겠지' 하고 어렴풋이나마 예감은 합니다. 그렇지만 마음

한구석에는 '아직 멀었잖아' 하며 대수롭지 않게 여기는 부분도 있습니다.

오쓰카 만약 정말로 제 일이라고 생각한다면 그러한 화제에 끼고 싶어 하지 않을 겁니다.

아가와 그러면 사람을 안 만나고 싶어질지도 몰라요.

오쓰카 분명히 그럴 거예요. 잊어버려서 생기는 실수가 몇 번 거듭되면 애초에 사람과 만나지 않는 것이 예방책이 되지 않을까 싶어서 아예 집 안에 틀어박히게 될 겁니다. 악순환이지요.

아가와 노인성 우울증이라는 게 그런 건가 보군요.

75세부터 갑자기 훅 온다

오쓰카 기억이 쑥 빠져나간 경험을 한 다음부터 조심은 하고 있지만 역시 왠지 모르게 불안해서 말이죠.

아가와 이번 주 특종, 오쓰카 회장 독백! '설마 나에게 이런 일이 일어날 줄이야!'

오쓰카 맞아요. 제가 통감했듯이 이 75세 전후가 하나의 고비입니다. 예전에는 65세가 지나면 노인이라고 했습니다만 지금은 너무 빠르지요.

아가와 지금의 60대는 모두 팔팔하잖아요.

오쓰카 요즘의 노년은 다음 세 단계로 나누어 생각하면 좋을 것 같습니다. 제1단계가 65세부터 75세까지 10년 동안, 정년퇴직을 해서 일단 인생 전반기가 끝나고 체력적으로는 약간 쇠약해짐을 느끼지만 자유로운 시간이 늘어서 '자, 이제부터다' 하는 시기입니다.

아가와 저는 지금 그 범위에 접어들고 있습니다.

오쓰카 제2단계는 75세 이후의 5년에서 10년 동안, 자타가 모두 쇠잔을 느끼는 시기로 사람에 따라서는 신체의 부자유나 치매 발병과 그에 동반하는 돌봄 문제가 시작되는 시기고요. 제3단계는 인생의 마지막 장으로, 80대 중반부터 덤으로 사는 인생이라 해도 좋은 시기입니다. 앞날이 내다보이고 어떤 임종을 맞을 것인가가 최대의 관심사가 되지요.

아가와 75세부터가 사실상의 노년이라는 말씀인가요?

오쓰카 그렇다고 생각합니다. 75세가 지나면 신체 기능이나 정신 기능이나 날이 갈수록 조금씩 떨어지지요. 예전에 비해 수명이 길어졌다고는 하지만 인간이 신체 각 부분을 원활하게 움직일 수 있는 기간은 기껏해야 70년이니 75세가 될라치면 여기저기 부실해지는 것도 당연합니다. 자동차로 예를 들면 고물 자동차예요. 유지보수가 불량하면 빨리 못 쓰게되고 관리를 잘하면 조금은 오래가지요.

아가와 예순넷인 지금부터라도 유지보수를 시작해도 될까요?

오쓰카 아가와 씨 정도면 늦지 않았어요. 장래를 대비하여 지금부터 몇 년 동안은 건강을 챙기고 체력을 키워야 할 시기지요. 문제는 75세부터입니다. 75세가 지나면 가만히 있어도 근육이 약해지고 관절은 굳어지고 균형을 유지하는 기능도 뚝 떨어져요. 하물며 안정을 취할 필요가 있는 큰 부상이나 병을 앓으면 신체 기능이나 마음도 한꺼번에 쇠약해집니다. 회복해도 이전의 70퍼센트 정도밖에 돌아오지 않아요. 그것이 반복되면서 신체 기능이 서서히 떨어지지요. 그러니 75세가 지나서 골절되면 원상태로 돌아오는 것은 일단 불가능해요. 그것이 제2단계입니다.

아가와 제 아버지가 대퇴부 골절상을 입었을 때 당신은 재활훈련을 열심히 하면 걸을 수 있을 거라고 마지막까지 믿고 있었는데 선생님은 제 가족들에게 "재활 훈련을 하는 것이 굉장히 중요하지만 지금 연세에 대퇴골이 골절되면 예전처럼 걸을 수는 없습니다" 이렇게 명확하게 말씀하셨잖아요. 그때 60대인 저와 90대인 아버지는 회복하는 정도가 근본적으로 다르다는 걸 실감했습니다.

누워 있는 것만으로도 쇠약해진다

오쓰카 골절은 뼈가 부러져 그 부분을 사용할 수 없게 될뿐더러 한동안 안정을 취해야만 합니다. 이를테면 수술 후에는 얼마 동안 움직이면 안 되거나, 깁스로 고정시켜 놨기 때문에 그 부분을 움직일 수 없어요. 하루 안정을 취하는 것만으로 6~7퍼센트의 근육이 빠져나가지요. 그게 한 일주일 계속되면 근력이 30~40퍼센트 떨어져 버립니다. 그걸 되돌리려면 그 서너 배의 시간이 걸려요. 하지만 그사이에도 몸 전체의 능력은 점점 떨어지니까 결과적으로 75세가 지나고부터는 더 이상 절대로 원상태로 돌아오지 않습니다.

아가와 노인은 넘어지면 안 된다는 게 그런 이유 때문이군요.

오쓰카 병이 들면 안 된다는 것도 같은 이유입니다. 감기에 걸려 드러누우면 감기에 의한 소모에다가 누워 있는 것만으로도 근력이나 체력이 점점 떨어지기 때문에 역시 원래대로 돌아갈 수 없게 됩니다.

아가와 그렇군요. 이제부터라도 하반신을 단련해 두어야겠네요.

24 노인은 과로사하지
않는다

오쓰카 75세는 후기 고령자로서 진정한 의미의 노인이 되는 기점이지요. 골프를 치러 가도 운동하는 동안에는 버틸 수 있는데 끝나면 휘주근하고 집에 돌아오면 피곤해서 파김치가 됩니다.

아가와 그 순간은 버틸 수 있는데 그 상태가 오래가지 못한다는 말씀이시죠? 젊었을 때와는 피로의 양상이 다른가 보군요.

오쓰카 젊었을 때는 하룻밤 자고 나면 다음 날은 힘이 나지요. 그러나 나이가 듦에 따라 회복 속도가 느려지고 지금은 피로가 이틀 정도 더디 옵니다.

아가와 네, 정말 그래요!

오쓰카 오늘의 피로는 실은 그저께의 피로였던 거죠.

아가와 그럼 힘을 쓴 후에는 짧은 범위가 아니라 조금 더 긴 휴식 시간이나 피로를 푸는 기간이 필요하다는 말씀이시죠?

오쓰카 네, 그런데 그것도 문젭니다. 휴식 시간이 길어지면 이번에는 움직이기가 어려워지니까 75세가 지나면 자기 몸이 하는 소리를 들으면 안 돼요.

아가와 네? 들으면 안 됩니까? 듣는 게 좋을 거라 생각했는데요.

정신력으로 체력을 견인하기

오쓰카 이건 제가 체험한 것입니다만, 자기 몸에 대고 '피곤하니?' '컨디션은 어때?' 하고 물어보세요. 몸은 언제나 '피곤해. 컨디션도 2프로 부족해. 좀 쉬게 해줘' 할 겁니다. 그래서 '그럼 그럴까' 하고 몸이 원하는 대로 하루 쉬게 해 줬다 칩시다. 이튿날 '이제 회복됐지?' 하고 물으면 '아직 피로가 가시지 않았어. 좀 더 쉬었으면 좋겠어' 하니까 그대로 하겠죠. 그러나 사흘째가 되면 이제 체력이 떨어져서 움직일 기력도 없어져 버립니다.

아가와 하하하. 게으른 심보가 자리 잡아 버리나 봐요. 그래서 움직이지 못하게 되니까 그길로 자리보전하고 누운 노인 신세로 전락하는 거군요.

오쓰카 맞아요. 젊었을 때는 며칠 쉬고 컨디션만 잘 유지해도 회복되는 느낌이 들었지요. 그런데 75세가 넘으면 몸의 소리를 듣고 그냥 편히 있다가는 그걸로 끝입니다. 몸이 뭐라 하든지 정신력으로 체력을 이끌어가는 것이 중요해요. 일정이 있으면 여하튼 나갑시다. 그리하면 아직 몸은 따라오니까요. 105세에 돌아가신 '성누가 국제병원'의 히노하라 시게아키 선생님은 취재든 강연이든 의뢰받으면 거의 다 맡으셨다고 합니다. 일단 맡았으면 그날 그 시간에 여하튼 거기에 가야 하잖아요. 그 용건이 끝난 후에는 몸이 까라지더라도 다음 날에는 또 다른 일정이 잡혀 있으니 가야 하지요. 그러니까 견뎌 나가는 거예요. 일단 몸을 편히 하면 이제 안 됩니다. 회복할 수 없거든요.

아가와 '엄살 부리지 마!' 해야겠군요.

오쓰카 맞아요. 75세를 넘어서는 몸을 쓰지 않으면 금세 쇠약해집니다. 원기 왕성하던 사람이 급속도로 쇠약해지는 때가 있는데, 대부분 부상이나 질병을 앓고 움직일 수 없는 시기를 겪으면서 그렇게 되는 겁니다. 몸을 움직이지 않게 되면 자기 의지가 있더라도 그때부터는 회복하기 어려워요. 사흘 이상 가만히 있으면 그대로 추락하는 거지요.

아가와 '노인은 쉬지 마!' 이런 뜻이군요.(웃음)

세칭 PPK[4]

오쓰카 최근에 강연회 같은 데에서 '젊은 사람은 너무 무리하면 과로사할 위험성이 있다. 그러나 고령자의 경우 아무리 힘을 써도 몸 어느 곳인가는 따라오지 못하기 때문에 좀체 과로사에 이르지는 않는다. 만에 하나 너무 힘쓰다가 덜컥 죽는다 한들 그것은 요샛말로 PPK이고 많은 고령자가 원하는 형태의 죽음이다' 이런 말이 자주 나옵니다.

아가와 '노인은 과로사하지 않는다'는 말씀이군요.(웃음)

오쓰카 젊은 사람은 체력도 있고 정신적으로도 버틸 수 있어요. 그러니까 무리해서 지나치게 힘을 쓰는 겁니다. 하지만 노인들은 지나치게 힘을 쓰는 일이 없어요. 몸이 항상 '쉬게 해줘, 쉬게 해줘' 하는 것을 살살 달래 가며 움직이고 있기 때문이죠.

아가와 자기 몸이 하는 소리에 순진하게 속으면 안 되는군요. 과로사할 염려는 없으니까 말씀이에요.

---

4. PPK: '핀핀코로리'라는 일본어의 로마자 표기 이니셜로 건강 수명의 길이를 나타내는 표현이다. 병으로 고생하는 일 없이 건강하게 장수하다가 마지막에는 앓아눕지 않고 훌쩍 세상을 떠나는 것을 의미한다. 그리고 반대 의미로 NNK가 있는데 '넨넨코로리' 즉 자리보전하고 누워서도 오래도록 살다가 죽는 것을 의미한다.
* 이에 대응하는 말로 한국에도 9988234라는 말이 있다. 장수 시대를 대표하는 말로 99세까지 팔팔하게 살다가 이틀만 앓고 3일째에 잠자듯이 죽기를 희망한다는 의미로 회자되고 있다. 농담조로 '팔팔 꼴까닥'이라고도 한다. 반면 골골80이라는 말은 말 그대로 골골거리며 아프면서도 80세까지 장수한다는 뜻으로 오래전부터 회자되던 말이나 요즘은 80세는 장수 축에 끼지 못하는 분위기다.

오쓰카 그게 오래 살 수 있는 비결입니다.

아가와 '아, 노인이 되는 건 이런 거구나' 하는 신체적인 징후가 저에게도 이미 조금씩 나타나는 느낌이 들어요. 손끝부터 노화가 시작됐답니다. 점점 목걸이의 작은 고리를 끼울 수 없게 되더라고요. 그리고 병뚜껑을 한 번에 닫지 못하고 꼭 떨어뜨려요. 동전을 찾을 때도 꼭 흘리고요.

오쓰카 네, 확실히 동전은 흘리게 되더군요.

아가와 젊었을 때, '노인들은 왜 매표기 앞에서 꾸물꾸물할까?' 의아했어요. 그런데 우선 돋보기를 꺼내야 하고 다음으로 지갑이 어디 있는지 찾아야 하고, 지갑에서 100원짜리 500원짜리 동전을 찾는 데 시간이 걸리고, 이번에는 그걸 판매기의 어디에 넣는지 생각해야 하죠. 게다가 자기 손끝이 생각한 곳으로 움직이기까지 시간이 걸리고요. 그래서 이걸 모두 더하면 젊은 애들의 다섯 배쯤은 시간이 걸립니다.

오쓰카 미세한 조정이 잘 안 돼요. 그래서 어설픈 거죠. 더구나 눈의 감각도 점점 쇠약해지잖아요. 자기 몸의 감각이랄까 위치 감각도 점점 달라지고 근육의 강도도 떨어지고요. 그러다 보니 종합적으로 세밀한 조정이 점점 안 되는 겁니다.

아가와 눈과 귀도 그렇지만 말하는 것도 그래요. 하고 싶은 말이 머리에서 뱅뱅 돌면서도 말이 되어 나오지 않아요. 그래서 '신주쿠의 그 뭐냐, 거기 그 옆에…' 식으로 말하게 되죠.(웃음) 더구나 요즘 세상은 모든 것이 빨라서 점점 따라갈 수 없게 되니 아, 싫다, 싫어!

오쓰카 말하는 속도는 확실히 느려지고 있어요. 이야기 진행 방법도 장황해지고…. 제 강연 내용을 나중에 들어보면 침울해집니다. 정말 싫어요.

아가와 그러세요? 선생님 말투는 충분히 빠르고 젊으신데요.

오쓰카 '충분히 젊으세요' '젊어 보이세요' 이런 말은 대개 젊은 사람에게는 안 하잖아요. 그런 말을 듣는 것만으로도 '아, 이제 어쩔 수 없는 노인이로구나!' 하는 생각이 듭니다. 아이쿠, 이런, 이런! 나이 먹으면 점점 곡해하게 된다니까요. (웃음)

25 왜 노인은 항상
심기가 불편할까

아가와 노인이 되면 점점 말을 안 하게 되고 심기가 불편해지
잖아요. 그건 말하는 속도가 느려지거나 생각나지 않는 일
이 많아지는 것과 관계가 있을까요?

오쓰카 그런 점도 있을 겁니다. 그런데 그보다는 잠깐은 힘을
낼 수 있지만 일이 끝난 후의 피로감이 크기 때문이 아닐까
합니다. 부득이한 필요로 상황을 극복했다 해도 그다음이
문제지요. 우선 한숨 돌리고 나면 한꺼번에 피로가 몰려와
요. 그러다 보니 만사가 귀찮아져서 점점 말을 안 하게 되고
심기도 불편해지는 것 아니겠습니까?

아가와 혹시 이 대담이 끝난 다음에 갑자기 피곤해지신다는 뜻
인가요?

오쓰카 아이고, 아닙니다. 오늘은 즐거워서 괜찮아요. (웃음) 그렇

기는 하지만 이를테면 저녁 모임에 가서 즐겁게 두세 시간 지내다가도 집에 돌아오려고 차를 타는 순간 말하는 것도 귀찮아집니다. 그래서 집에 돌아와 아내에게 다녀왔다는 인사만 하고는 제대로 눈도 마주치지 않은 채 "자야겠어" 하고 침실로 직행하는 거죠.

아가와 밖에서는 이렇게 싱글벙글 이야기하시는데요?

오쓰카 아내 말로는 제가 밥을 먹을 때도 거의 말을 안 하고 집에 있으면 언제나 찡그린 얼굴로 있다고 해요. 그러다가도 손님이 오면 갑자기 다정하게 굴고, 밖에서는 활기차게 이야기도 하고 아무튼 가족끼리 있을 때와는 전혀 다른 사람이 되는 셈이지요. 그러다 보니 아내는 자기랑 있는 게 싫은가 보다 생각할 겁니다. 그런데 사실은 그래서가 아니라 집에서는 완전히 탈진 상태인 거죠.

아가와 제 어머니가 아버지와 둘이서 살 때 전화로 자주 푸념을 하셨어요. "아버지가 날마다 언짢은 기색이다. 둘이 밥을 먹고 있으면 나랑 있는 게 그렇게 싫은가 싶을 만큼 무서운 눈으로 줄곧 한곳을 노려보고 있길래 '내가 뭐 잘못했나요?' 하고 물으니 '당신 때문이 아냐' 하더라. 그러면서도 계속해서 기분 나쁜 표정을 짓고 있으니 나는 우울증에 걸릴 것만 같구나" 하셨어요.

오쓰카 그 기분 너무 잘 알아요. 아니 알게 되었다고 해야 맞겠네요.

아가와 아, 그때 제 아버지는 완전히 탈진한 상태였던 거군요.

억지로 하는 사람도 오래 산다

오쓰카 최근에 제 변화 중에서 특히 신경 쓰이는 것은 대수롭지 않은 일, 이를테면 전화를 하거나 편지를 쓰는 일이 귀찮고 성가셔서 좀체 진척이 안 되는데 그런 자신에게 화가 납니다. 그러니까 노인이 언제나 뚱하고 신경질적인 것은 만사가 귀찮다는 마음으로 살고 있기 때문이 아닐까 합니다.

아가와 정신적으로뿐만 아니라 체력 면에서도 쉬 지쳐 버리는 거죠.

오쓰카 그렇습니다. 몸이 피곤해서 그런지 정신적으로 집중한 직후라서 그런지는 잘 모르겠지만….

아가와 노인은 다들 심기가 불편한데 그게 딱히 자기 탓은 아니라는 걸 알아 두면 가족이나 주변 사람들 마음이 한결 편해지겠네요.

오쓰카 맞습니다. 그리고 잠깐은 힘을 내지만 그다음에 체력이 뚝 떨어져 버리기 때문에 그런 것이거든요.

아가와 그러니까 한순간 힘낼 수 있다면 그 한순간을 쉼 없이 이어가는 것이 중요하겠네요.

오쓰카 잠깐 힘내는 것을 능동적으로 계속할 수 있으면 가장 좋겠지만 수동적으로 하는 사람도 결국 오래 삽니다.

아가와 남성의 경우는 특히 그 한순간을 이어갈 수 있는 것, 즉 '할 일이 있다' '내가 없으면 진행이 안 된다' 이런 게 중요하잖아요. 정년퇴직 후에는 강제적으로 뭔가를 하는 경우가 갑자기 확 줄어 버리죠. 여성은 집안일을 포함해서 여러 가지가 있습니다만.

오쓰카 남성들은 역시 사회에서 필요성을 인정받지 못하면 정신적으로나 육체적으로나 타격이 큽니다.

아가와 그런데 필요로 하는 곳을 찾기 위해서는 본인 스스로 능동적으로 움직여야겠지요. 그것이 우선 귀찮겠네요.

오쓰카 귀찮겠지만 또한 그것을 뛰어넘을 수 있나 없나가 관건입니다.

아가와 앞서 말씀하셨듯이 다른 사람에게 인정받는 것이 가장 좋겠군요.

오쓰카 그렇습니다. 하지만 다른 사람과의 관계를 유지하는 데도 노력이 필요하지요. 요청이 와도 가지 않는 상황이 계속되면 아무도 불러주지 않게 되고, 그렇게 되면 결국에는 은둔형 외톨이같이 되고 맙니다. 집에 틀어박혀서 움직이지 않다 보면 이번에는 몸이 점점 약해지지요. 고물 자동차니까요. 즉 너무 열심히 하면 몸에 이상이 생기지만 사용하지 않으면 녹이 슬어 버립니다.

아가와 어느 회사의 전직 사장님인데 요즘 한시漢詩와 골프에 빠져 있는 분이 있어요. 그 회사가 최근에 여러 가지로 얘깃

거리가 되기에 "힘드시겠어요" 했더니 "옛날에 근무하던 회사 문제 따위는 전혀 관심 없소. 지금 하고 싶은 것이 많아서 바쁘거든" 하셨어요. 80세쯤 됐을까요. 대부분의 남성들은 자신이 쌓아온 업적에서 삶의 보람을 찾으려고 하는데 이분은 참 멋지구나 싶었습니다.

오쓰카 나이를 먹어도 자기가 하고 싶은 일이 생겨서 과거와 결별할 수 있으면 좋겠지요. 하지만 보통은 그게 가장 어려운 것 같습니다.

노인은 세 가지 유형이 있다

아가와 상당히 오래전 일인데요, 운전을 하면서 라디오를 듣는데 '노인은 세 유형이 있다'는 이야기였어요. 첫 번째로는 '되돌아보니 내 인생은 변변치 못했다. 이것도 별로였고 저것도 안 됐다'라고 후회하고 또 후회하며 자기 자신을 책망하고 속을 끓이는 사람. 다음은 '내가 이런 인생을 사는 것은 이놈 탓이다 저놈 탓이다' 하고 타인에 대한 원망과 미움으로 속 끓이는 사람. 마지막으로는 '늦었지만 지금부터라도 즐겁게' 하며 과거의 일은 제쳐놓고 미래를 생각해서 긍정적으로 사는 사람. 세 번째 유형처럼 살 수 있으면 좋겠다고 생각은 합니다만….

오쓰카 인간은 어차피 자신에게 없는 것을 갖고 싶어 하는 동물이라서 노후가 힘들 겁니다. 왜냐면 나이를 먹는다는 것은 어제 할 수 있었던 것을 오늘 못 하게 되고, 오늘 할 수 있는 것을 내일은 할 수 없게 되는 것이거든요. 이걸 어떻게 긍정적으로 받아들일 수 있을지가 관건입니다.

아가와 골프를 칠 때, 특히 나이 지긋한 남성들이 옛날에는 자기가 친 공이 저기 저 소나무까지 날아갔다고 말하곤 하는데요.

오쓰카 저도 늘 그렇게 얘기합니다.

아가와 그렇지만 지금은 거기까지 공이 절대 날아가지 않으니까 주변 사람들도 '나이스 샷!'이라는 말을 할 수 없게 되었잖아요. "나이스 샷!" 하면 "뭔 소리 하는 거야. 놀리는 거야?" 하고 화를 내기도 하니까요.

오쓰카 당사자로서는 현재의 자신을 받아들이기 힘들겠지요. 자기 자신이 한심하고 이전과의 차이가 크기 때문에 불쾌감이 일어 화가 치밀 겁니다.

아가와 아, 이렇게 '이것도 할 수 없게 되고 저것도 할 수 없게 되었다'는 사실에 슬픔이 쌓이는데도 살아가는구나 싶어요. 그러니까 이제부터는 '어머나, 아직 이만큼이나 남아 있네. 대박!' 이렇게 긍정적인 마음을 가져야겠어요.

오쓰카 남에게는 그렇게 설교하면서 막상 내 일이 되니 맘대로 안 됩디다.(웃음)

아가와 선생님이 그렇게 솔직하게 말씀하시면 더 이상 할 말이 없잖아요.(웃음)

26 불량 노인 되기

아가와 긍정적 사고방식으로 하고 싶은 것을 하고 죽으면 행복
하겠지만 현실은….

오쓰카 일상 속에서는 귀찮아도 편지를 쓰고 스피치를 하고 회
식을 하고, 어쩔 수 없이 해야 하는 일이 현실에는 굉장히
많으니까요.

아가와 네, 그렇게 체면치레로 하는 경우가 있지요. 제 아버지
는 70세 됐을 때 가족을 모아놓고 "잘 들어라. 나는 앞으로
절대로 참지 않을 테다" 선언하셨어요. 가족들은 아니, 그럼
지금까지는 참았다는 말씀인가 싶어서 깜짝 놀랐지요.(웃음)
모두들 "넵!" 하면서도 눈을 내리깔고 큭큭큭 웃었답니다.

오쓰카 아하하하.

아가와 아버지는 그 일이 있기 조금 전에 『단연코 불참』이라는 제목의 에세이집을 출간하셨는데요. 예의로 가는 모임, 어쩔 수 없이 가는 식사 모임 같은 데를 다 불참하고 그들이 아무리 싫어해도 신경 쓰지 않겠다고 하셨어요. 선생님은 그런 형식적인 의리를 다 저버린다면 지금 뭘 하고 싶으세요?

오쓰카　글쎄요. 당장은 생각이 안 나네요.

아가와　역시 골프인가요?

오쓰카　저는 좋아하는 사람들과 골프 치는 건 좋은데 사교 목적으로 해야 한다면 싫어요. 그러고 보니 70세나 80세 같은 기점에 싫은 사람과는 안 만나겠다고 주위에 선언해 두는 것이 좋겠습니다.

아가와　하지만 괴팍하다고들 생각할까 봐 겁나기도 해요.(웃음)

오쓰카　작가 와타나베 준이치 씨는 자신의 고희연에서 "나는 지금부터 불량 노인이 되어 주겠소" 이렇게 선언했다고 합니다. "원래부터 불량하지 않았나? 이보다 더 불량 노인이 될 게 아직 남아 있나?" 하면서 모인 사람들이 웃었다나 봐요. 그 얘기를 듣고 저는 부럽다는 생각을 했습니다. 남자는 역시 불량스러움에 대한 동경이 있는 모양입니다.

아가와　비토 다케시 씨가 자주 반농담조로 소년법처럼 노인법을 만들면 좋겠다고 하셨어요. 그럼 바람을 피워도 되고, 대마초나 도박도 마음대로 해도 노인법의 보호를 받으니까 죄가 가벼울 거라면서요. 그러고 나서 치사량의 약을 먹고 죽어버리면 된다고 했어요.

오쓰카 그거 좋겠네요.(웃음) 그렇게 자유롭게 살 수 있다면 여러 가지 어려운 일이 있어도 노인법의 혜택을 받을 때까지 오래 살려고 애쓸지도 모르겠군요. '집에서 미움받은 자식이 밖에서는 인정받는다'는 속담에서도 알 수 있듯이 실제로 자기 멋대로 하는 사람이 오래 사는 것 같아요. 『불량, 장수를 위한 권유』라는 책에 그 방법이 자세히 쓰여 있습니다. 회사로 말하면 가장 높은 지위에까지 오르고 그 후에는, 민폐라는 말을 들으면서도 개의치 않고 자기 페이스대로 가는 사람은 장수하죠. 하지만 부장급에서 정년퇴직한 사람은 정년 후의 수명이 의외로 짧다는 통계가 있다고 합니다. 성실한 데다 하고 싶은 것을 참으며 이쪽 신경 쓰고 저쪽 배려하며 살아온 유형이지요.

아가와 다른 사람을 신경 쓰지 않아도 되나요? 그것이 노년을 밝게 하는 비결일까요? 결국 우리는 인생의 최후를 향하여 어떻게 살아가면 좋을까요?

오쓰카 사람들은 아무리 나이를 먹어도 자기가 죽는다는 생각을 안 하는 것 같습니다. 언젠가는 그날이 오겠지 싶으면서도 구체적인 기간이 표시되지 않는 한 자기 일이 아니라고 생각하는 것이 인간의 본성이겠지요, 저를 포함해서. 평소 '하고 싶은 것은 모두 다 했다' 하는 사람도 막상 이 세상을 떠나려면 미련이 있을 겁니다.

아가와 누군들 안 그렇겠습니까.

'3년은 더 살고 싶다'가 본심

오쓰카 80대 중반을 넘으면 이제 나는 살 만큼 살았으니까 언제 죽어도 여한이 없다는 사람이 상당히 많습니다. 그런 사람에게 "아, 그러세요? 그럼 내일이라도 저승사자가 와도 된다는 거죠?" 하면 "아이고, 말이 그렇다는 거지, 앞으로 3년은 더 살고 싶어요" 합니다.

아가와 하하하하.

오쓰카 3년이란 기간은 너무 길지 않으면서도 아직은 시간이 있다는 느낌이 들지요. 앞으로 3년 더 살면 증손자가 초등학교에 입학한다, 혹은 중학생이 된다, 앞으로 3년 후면 손자가 결혼할 거다, 따위의 이유를 댑니다. 이듬해가 되면 또 다른 이유로 '앞으로 3년'이 되지요.(웃음) '앞으로 3년'은 모두의 공통된 생각입니다.

아가와 재밌네요. 앞으로 3년 정도는 살 수 있다고 생각하는 걸까요?

오쓰카 예로부터 '3일, 3개월, 3년'이라는 말을 자주 사용했지요.

아가와 맞아요. 일본 사람은 3으로 구분하는 것을 좋아하나 봐요.

오쓰카 인생의 시간 축은 3년이 하나의 단위일까요? 그런데 아가와 씨는 앞으로 사흘밖에 못 산다면 뭘 하실 건가요?

아가와 집 정리! 집을 저렇게 지저분하게 해 놓고 죽으면 창피하니까요. 아, 하지만 그런 건 냅두고 맛있는 거 먹고 죽고 싶으려나….

오쓰카 그런 걸 생각하는 게 의외로 재미있죠? 인생 최후의 3일, 최후의 3개월, 최후의 3년… 역산하여 오늘 무엇을 해 둘 것인가.

아가와 음, 뭘 하더라도 시간이 모자랄 것 같네요.^(웃음)

27 돈에 좌우되는 노후

아가와 지금까지 부모님을 돌봐 드리면서 노후에는 돈이 든다
는 사실을 절실히 깨달았습니다. 자신의 노후를 위해서도
젊었을 때부터 저축을 해야겠지요?

오쓰카 바로 그 점인데요. 일본 사회는 보면 볼수록 이상해요.
그 첫 번째는 노후, 그것도 인생의 마지막으로 갈수록 돈이
든다는 인식이 결여되어 있다는 것입니다.

아가와 하지만 보통 자녀가 자립하고 주택 대출도 다 갚고 나
면, 연금에 조금 보태는 정도로 편안하게 살 수 있지 않을까
요? 그리 사치만 하지 않는다면.

오쓰카 그것이 커다란 착각입니다. 일상생활을 자기 스스로 할
수 있는 동안에는 괜찮아요. 그러나 노화가 진행되면 버스
나 전철을 타는 것도 고생스럽지요. 장 보러 가는 것도 큰일

이고요. 더욱이 휠체어를 탈 상황이 되어 다른 사람의 도움 없이는 하루하루 생활이 불가능하게 된다면 어떨까요. 자기가 하던 일을 다른 사람에게 부탁해야 한다면 그만큼 돈이 들거나 남에게 신세를 지는 상황이 되는 게 세상 이치입니다. 병이 들거나 자리보전하고 누워 있게 되면 그것이 가속화되지요.

아가와 하지만 늙어서 병이 들거나 돌봄이 필요하게 되면 정부나 보험회사가 어느 정도는 당연히 보살펴 주지 않을까요?

오쓰카 그것이 또 그렇지가 않아요. 분명히 건강보험이나 요양보험에서 최소한의 것은 해 줍니다. 하지만 거기서 이용할 수 있는 서비스는 전국에 일률적으로 나눠주는 배급품 같은 거지요. 개인 사정에 맞춰서 주지 않을뿐더러 더군다나 요리, 빨래, 청소 같은 것은 해주지 않아요. 자기 나름대로의 생활수준을 유지하고 자기 취향대로 씀씀이를 조금만 늘려도 예상했던 돈의 배가 든다는 각오를 해 둬야 합니다.

아가와 그렇군요. 가사 전반을 남에게 의지하게 되면 확실히 돈은 생각했던 것 이상으로 들겠네요. 가족에게 부탁하면 된다고는 하지만 가족이 옆에 없으면 해 줄 수도 없고, 있다 해도 모두 바빠서 부탁하기도 미안하고….

오쓰카 그렇지요. 또 하나 이상한 것은 저축해둔 돈을 사용하는 방법입니다. 일본인 특히 지금의 고령 세대는 젊었을 때부터 돈 모으는 일에 힘써 왔습니다. 무엇을 위해서 그랬냐면 무슨 일이 생겼을 때나 자신의 노후를 대비하기 위해서지요. 그런데 막상 노후에도 그 돈에 손을 대고 싶어 하지 않는 겁니다. 병이 들거나 돌봄이 필요해지면 '국가가 돌봄 서비스를 제공하라, 사회가 돌봄 서비스를 제공하라' 아우성을 치지요.

아가와 그럼 모아둔 재산이나 저축은 어디에 씁니까?

오쓰카 자신의 노후를 위해서가 아니라 자녀나 손주에게 남겨 주려고 애쓰는 분이 압도적으로 많아요. 하지만 말년에 자녀나 가족에게 의지하지 않고, 성가시게도 하지 않고, 짐도 되지 않고 숨을 거두려면 돈이 든다는 자각을 해 두는 것이 좋습니다. 그러기 위해서 저축을 하고 재산을 만들잖습니까. 건강할 때 벌어 둔 것을 자신의 노후를 위해 확실하게 쓰고 인생을 정리하는 것이 진정한 노후 설계일 것입니다.

아가와 예전에 100세 쌍둥이 자매로 인기인이 된 '금할머니, 은할머니'가 광고나 예능 오락 방송에 여기저기 바쁘게 출연하셨어요. 방송에서 누군가가 그렇게 돈을 모아서 어디에 쓰실 거냐고 물으니까 노후를 위해서 모은다고 대답하셨어요. 그 이야기를 할 때마다 모두들 웃었는데 지금 생각하니 그 발상이 옳았네요.

오쓰카 맞습니다. 본인이 이룬 재산은 본인이 다 쓴다. 이런 생각으로 자기 여생을 마음껏 사는 겁니다.

유산은 기대하지 마!

아가와 나이 드신 분들은 자주, 이제 술도 별로 안 마시고, 외식도 안 하고, 연극 구경이나 여행도 안 가니까 돈 쓸 일이 그다지 없다고 하세요. 하지만 노후에 몸을 잘 움직일 수 없게 될 때야말로 돈이 많이 든다는 것을 알아 두는 게 좋겠네요.

오쓰카 그리고 자녀들에게는 각자 자기 앞가림은 하니까 유산은 기대하지 말라고 선언하는 게 좋겠어요. 국가도 자녀들도 나를 돌봐 주지 않는다는 것을 전제로 인생 설계를 하면 여러 가지 문제가 정확히 보이니까 해결책도 구할 수 있습니다. 노후의 삶이야말로 돈에 좌우됩니다. 돈을 차곡차곡 모아두면 선택의 폭이 넓어지니까요. 다른 사람에게 간병을 의뢰할 수도 있고 시설로 들어갈 수도 있지요. 그렇게 되면 가족의 부담도 덜어지고 신경 쓰는 정도가 다르거든요.

아가와 자기가 저축한 돈은 자기 노후를 위해서 아낌없이 사용하면 되겠군요. 하지만 그러면 유산에 관심이 있는 자녀나 손주가 안 찾아올 텐데요. 현실적인 이야기입니다만, 예를 들어 90세까지 사는 것을 목표로 하면 노후까지 대개 어느 정도나 저축해 둬야 할까요?

오쓰카 받을 수 있는 연금 액수가 낮아진다고 보고 제가 권장하는 건 대략 1억 원에서 3억 원 정도입니다. 자기가 모은 재산을 자손에게 주지 않는다면 불가능한 금액은 아닐 겁니다.

아가와 최소 1억 원은 확보해 두라는 말씀이군요. 그것을 자녀와 손주들한테 조금씩 나누어 주면서 환심을 사면 되겠네요.

28 가족이라도
돌봐준 대가는 확실히

오쓰카 아가와 씨는 자녀와 손주들에게 조금씩 나누어 준다고
하셨는데, 혹시 가족에게 돌봄을 받는 상황이 되면 그때야
말로 돌봐 준 대가로 돈을 조금씩 주어야 합니다.

아가와 가족에게 간병비를 주라고요?

오쓰카 '내가 죽으면 재산은 모두 너희들에게 줄 테니 정성껏
보살펴다오' 하면 될 거라고 생각하기 십상인데, 돌보는 사
람은 언제 들어올지도 모르는 목돈보다 당장 받는 5만 원
이 더 반가울 겁니다. 그러니까 비록 가족이라도 식사 시중
은 얼마, 목욕 시중은 얼마라고 자기 나름대로 금액을 정해
서 그때마다 자주 줘야 합니다. 집안 식구끼리 돈을 주고받
는 것을 싫어하는 분도 있겠지만 이런 경우야말로 맺고 끊
는 것이 중요하지요. 부모 자식 사이라도 돈의 사용법 하나

로 서로 감정이 생기지 않게 해결하는 겁니다.

아가와 진짜 그렇겠네요. 돈을 줄 때 다시 한번 고맙다고 말해 주면 돌보는 사람도 기분이 좋아질 거예요. '고맙다, 정말로 미안하다' 이 한마디 듣는 것만으로도 이제껏 쌓인 피곤이 싹 달아날 테니까요.

오쓰카 정말로 오랜 시간 가까이 있으면서 보살펴 주는 사람에게야말로 감사의 마음을 표현하는 게 좋습니다. 인간관계에서도 참 어려운 점인데, 가족 사이일지라도 돈을 건네는 데 대의명분이 필요하지요. 돈은 반드시 고맙다는 말과 함께 주세요. 돈과 말 둘 다 필요합니다.

아가와 정작 시설을 선택할 때도 비용은 대단히 중요한 요소가 되잖아요.

오쓰카 부모와 자식은 시설 선택에 대한 금전 감각이 다르지요. 자식이 선택할 경우 대개 부모가 생각하는 가격대의 3분의 1정도로 시설을 택한다고 합니다.

아가와 오! 왠지 딱 와닿네요.

오쓰카 부모에게 이 만큼의 돈을 사용하게 되면 자기들이 물려받을 돈이 적어질 거라는 생각도 하지 않나 싶습니다.

아가와 앞으로 우리는 어떻게 될까, 부모의 간병에 돈이 얼마나 들까, 하는 불안감도 이해가 됩니다.

오쓰카 그래서 본인 돈이 아무리 많아도 간병을 이유로 가족에게 경제적 지배권이 넘어가 버리면 풍족한 노후를 돈으로 살 수 없게 되는 경우도 있습니다.

아가와 하물며 거기에 형제자매가 있으면 제각각 의견이 다르니까 더 힘들죠.

오쓰카 정말 그래요. 그들이 환자를 위해 돈을 충분히 써준다고는 할 수 없지요.

아가와 제 아버지는 입원했을 당시 "나는 지금 수입이 없다. 월간 『문예춘추』에 하던 연재를 포함해서 모든 집필 활동을 그만두었다" 이 말씀을 몇 번이나 하셨고, "수입도 없이 앞으로 1년을 이곳에서 지낼 수 있을지…" 하고 부담스러워하셨는데요. "아니에요, 괜찮아요. 더 오래 계실 수 있어요" 이렇게 아무리 말씀드려도 "아니다, 오래 있을 수 없다" 그러셨어요.

오쓰카 남자와 여자는 금전 감각이 달라요. 남자는 재산이 아무리 많아도 다달이 들어오는 돈이 없으면 '나는 정말로 무일푼이다, 내 가치는 없어졌다'는 마음이 든답니다.

아가와 그래요? 제 아버지만 그러신 게 아니군요.

오쓰카 그리고 남자들은 재산을 헐어서 자신의 생활을 풍족하게 하려는 마음이 거의 없어요.

아가와 재산을 허는 것에 대한 거부감이 있군요.

남자는 구두쇠가 된다

———

오쓰카 예를 들어 예금이 3억 원 있다 치면 여자들은, 매달 800만 원씩 연간 약 1억 원쯤 들 테니까 3년 동안 걱정이 없다고 생각합니다. 다달이 연금도 나오고 그렇게 월 1,000만 원 정도면 되겠다고 생각합니다. 하지만 남자들은 수입이 없어서 불안한데 '한 달에 1,000만 원을 쓰다니 당치도 않다. 연금이 월 250만 원밖에 안 들어오면 최대한 노력해서 50만 원을 보태 월 300만 원으로 살아야겠다'고 생각하지요.

아가와 다달이 들어오는 돈에 맞추어 생활해야 한다고 생각하는군요.

오쓰카 네, 그래요. 남자들은 자기가 벌이를 못 하면 갑자기 구두쇠가 됩니다.

아가와 제 아버지는 원래 구두쇠였는데.(웃음) 아버지가 하도 입원비 걱정을 해서 할 수 없이 걱정하지 말라고, 『듣는 힘』 출간으로 돈이 좀 들어오니까 여차하면 제가 낸다고 했어요. 그랬더니 "너한테만 의지할 수는 없지" 하시면서도 "그러니?" 하고 기분 좋게 웃으셨다니까요.(웃음) 결과적으로 제가 부담하는 일은 없었는데 저를 볼 때마다 "얘, 근데, 이번 책 증쇄했니?" 하시기에 "이미 중쇄했어요" 했답니다.(웃음)

오쓰카 돈을 벌어다 주는 딸이 있다는 게 얼마나 믿음직스러울까요. 심지어 "여차하면 제가 낼게요" 그런 말을 들은 날은 최고로 행복하셨을 겁니다. 어머니들은 수입에 별로 관심이 없지만, 아버지들은 끊임없이 자기가 얼마나 벌 수 있는지 가족들이 얼마나 버는지에 대해 관심을 가지지요. 그것이 남자들의 생리인가 봅니다.

29 내가 바라는 임종

아가와 예전에 'TV 태클'이라는 프로그램에서 안락사를 주제로 이야기할 때 비토 다케시 씨가 한 말이 인상적이었는데요. '사람은 틀림없이 죽는다. 몇 억 년이나 그것이 반복되고 있는데 사람들은 아직도 죽음에 대한 고민을 계속하고 있다. 죽음은 본인이 선택할 수도 없고 해결할 수도 없다'는 얘기였어요.

오쓰카 실제로 죽어 본 적이 있는 사람은 없으니까 답을 모르죠.

아가와 저세상에서 '죽는다는 건 어떤 느낌이었습니까?' '그렇게 죽는 것이 정답이었나요?' 이런 설문 조사라도 할 수 있으면 좋을 텐데요. (웃음)

오쓰카 그런 집계 결과가 있다면 한번 봤으면 좋겠네요.

아가와 자기 생각대로 죽을 수 없는 이 시대, 어떻게 하면 평온

하고 조용한 최후를 맞이할 수 있을까요?

오쓰카 그거야말로 제가 늘 생각하던 것입니다.

연명 치료를 원하는가? 거부하는가?

———

아가와 선생님 병원은 기본적으로 연명 치료를 안 하시죠?

오쓰카 네, 저희 병원의 기본 방침이 비참하고 고통스러운 생각을 하며 오래 사는 것보다 오늘 하루를 풍요롭게 살도록 하는 것입니다. 그것을 실현하기 위해서 치료, 돌봄, 일상생활 이 세 요소를 최대한 활용합니다. 그래서 입원 상담을 할 때 '오래 살기 위해 뭐든지 다 해 주면 좋겠다'는 사람은 사양하지요. 입원 후에도 그런 내용을 거듭거듭 전달하면서 가족과 대화를 하고 신뢰 관계를 쌓아갑니다. 그렇지만 임종은 당연히 가족의 의사를 존중합니다.

아가와 제 아버지가 하혈을 해서 의식이 혼미한 상태라 아버지의 이런 모습은 처음 봤다고 생각할 때 "이제 얼마 남지 않은 것 같습니다. 앞으로 어떻게 하실 건가요?" 하고 선생님이 물으셨어요. 제 가족들이 이구동성으로 "아버지는 필요 이상의 연명 치료를 원하지 않으니까 자연스럽게 돌아가시기를 바랄 거라고 생각합니다. 다만 고통이나 괴로움만은 줄여드리고 싶습니다" 했더니 선생님께서 알겠다고 하셨어요. 아버지는 바람대로 연명 치료를 하지 않고 숨을 거두셨지요.

오쓰카 하여간 환자가 고통을 느끼지 않게 해 주고 싶다는 뜻
이었습니다.

아가와 네, 이제는 조용히 임종을 기다리겠다고 했을 겁니다.
하지만 제 아버지처럼 노환인 사람과 달리 암과 같은 질병
을 앓는 경우에는 가족들이 별도의 처치를 바라더라도 이상
하지 않을 거란 생각이 듭니다. 선생님 병원에서도 임종이
가까워지면 뭐라도 좋으니 연명 치료를 해 달라는 분도 계
시지요?

오쓰카 네, 현실적으로 그런 상황이 되면 가족의 마음도 흔들리
는 게 당연하고 바라는 게 바뀌는 경우도 자주 있습니다. 그
리고 조금이라도 오래 살 수 있다면 하다못해 수액만이라도
계속해서 놓아 달라는 분도 계십니다. 건강할 때는 혹시 임
종이 가까워지면 아무것도 하지 말라는 환자가 적지 않습니
다만 실제로 그런 상황이 되면 환자 본인은 의사 표명을 할
수 없지요. 연명 치료를 할지 말지는 가족들 의사에 따라 결
정합니다.

아가와 그렇겠네요.

오쓰카 본인의 의사와 관계없이 이별은 역시 괴롭지요. 조금이
라도 가능성이 있다면 한 달이라도 일주일이라도 아니 단
하루라도 오래 살게 하고 싶다는 가족도 때때로 있습니다.

아가와 며칠 전에 각본가인 오이시 시즈카 씨와의 대담을 엮은
책 『여자라는 말의 심오한 뜻』을 출간했는데, 그 책에 오이

시 씨가 아버님의 임종에 대해 쓴 글이 있어요. 아버님이 생전에 '연명 치료는 하지 마라'고 늘 말씀하셔서 의식불명이 되었을 때 그렇게 부탁드렸더니, 의사 선생님이 인공호흡기의 스위치를 끌 수 없다고 거부하시며 "당신이 꺼 주세요" 하셨답니다. 오이시 씨는 알겠다고 대답은 했지만 막상 스위치를 끄려고 하니 도저히 용기가 안 나더랍니다. 결국은 의사 선생님이 인공호흡기는 그대로 두고 모든 치료를 중지했다고 합니다.

오쓰카 가족들이 빨리 편안하게 해드리고 싶다고 생각은 하지만 막상 닥치면 더 이상 아무것도 하지 말라고 할 수는 없을 겁니다. 자기가 책임지고 방아쇠를 당기고 싶지는 않은 게 본심이지요.

죽음은 의료의 패배인가

아가와 앞에서 말한 'TV 태클'에서 행인지 불행인지 사람의 마음은 아랑곳없이 의료 기술만이 점점 발전되어 간다는 이야기가 있었습니다. '의사는 역시 선진 의료 기술을 이용하여 사람의 생명을 구하는 것이 사명이기 때문에 가능한 한 오래 살게 하려는 것이다. 게다가 세계적으로 장수국가의 사람들은 행복하다는 이미지가 있다'는 얘기였어요. 그런데 막상 제가 나이를 먹을수록 정말 그럴까 하는 의문이 들더라고요.

오쓰카 의사에게는 두 개의 커다란 가치관이 있습니다. 하나는 '죽음은 의료의 패배'라고 여기는 것입니다. 그래서 있는 힘을 다해 죽음을 미루거나 피하도록 철저히 주입되어 왔지요. 다른 하나는 '정상 범위에서 벗어난 것을 정상으로 되돌리는 것'입니다. 그걸 위해서는 자기들이 가진 지식과 기술을 총동원해야 하는 것이지요.

아가와 죽음은 의료의 패배일까요?

오쓰카 그러나 고령자에게는 원래대로 되돌리려 해도 돌아오지 않는 기능이 많이 있습니다. 치료를 해도 좋아지지 않는 질병도 산더미처럼 많고요. 의사로서는 속수무책인 경우도 있어요. 거기에다가 의사는 죽음이 패배라고 주입되어 있기 때문에 한 달 아니 하루라도 수명을 연장시키려고 합니다. 예를 들어 80세, 90세가 돼서 이제 살 만큼 살았다고 생각되는 분이 구급차에 실려 왔다고 합시다. 그것이 누가 봐도 이제 한계에 다다랐다고 생각되는 상태라 해도, 환자를 받은 의사 위치에서 보면 가족들이 살려 주기를 바라니까 구급차를 불렀다고 해석합니다. 그래서 기대에 부응하기 위해, 가족을 위해 최선을 다합니다. 그것이 의사로서 사명이고 역할이기도 하지요.

아가와 그렇겠네요. 더구나 그럴 때 환자 본인은 의사 전달 능력을 이미 잃어버린 상태니까요.

오쓰카 튜브를 잔뜩 달고 영양분이나 약을 투여하더라도 그에 반응할 체력이 없으면 부담이 되고 결과도 비참합니다. 그렇지만 그것도 의사만 탓할 수 없습니다. 그런 의료 행위를 요구하는 가족도 있고 그것을 요구하는 여론도 있거든요.

아가와 자연스러운 죽음을 맞이하려는 사람들을 온갖 수단을 써서 연명시키죠. 정말로 그걸 바라는 건 누구일까요? 수명 연장이 가능해진 요즘 시대에 인간은 어느 시점에 결단을 하고 자신의 죽음을 맞이해야 할까요?

존엄사 협회에 가입하면 안심이 될까?

오쓰카 그래서 그런지 요즘 존엄사 협회에 가입하는 것이 유행입니다. 건강할 때 '쓸데없는 연명 행위는 아무것도 받고 싶지 않다'고 존엄사 협회에 가입하고서는 이제 안심이라고 생각하지요. 하지만 막상 그때가 되면 그걸 찬성하지 않는 가족이 여러 가지 이유로 존엄사 협회에 가입한 증명서를 안 가져오고 제출하려고도 하지 않습니다. (웃음)

아가와 그것을 낼지 말지는 가족의 판단에 달려 있겠군요. 음.

오쓰카 그래서 전혀 안심할 수 없습니다, 지금은.

아가와 그럼 본인이 입원할 때, 나는 존엄사 협회에 가입했으니까 증명서를 선생님께 맡겨 두겠다고 말하면 될까요?

오쓰카 하지만 그렇더라도 마지막에는 역시 가족의 손에 맡겨

집니다. 다만 한 가지 덧붙인다면 돌아가신 후에 가족들이 후회하지 않도록 해 주는 것이야말로 저희들 의사의 역할이 아닐까 합니다.

아가와 죽을 때는 자기 마음대로 못한다는 뜻이군요. 어떻게 죽을 것인가 하는 문제에는 일본인의 종교관도 영향을 미치겠지요?

오쓰카 기독교 신자들에게는 기본적으로 천국이 있다고 믿는 것이 하나의 구원이지요. 그리고 죽음이란 신의 곁으로 가는 거라고 믿고 있습니다.

아가와 죽으면 신의 곁으로 갈 수 있으니 행복한 일이군요.

오쓰카 네, 그래서 유럽에서는 임종이 가까워지면 의사가 아니라 종교인을 부르지요, 목사님이나 신부님. 그런데 신의 곁에 갈 수 있다고 생각하는 일본인은 많지 않아요.

아가와 사후의 일은 정말로 알 수 없으니까요. 만약 지금 '나는 살 만큼 살았으니 이제 죽고 싶다'는 사람이 나타나면 선생님은 뭐라고 하실 건가요?

오쓰카 '알겠습니다. 저에게 맡겨 주세요. 나쁘게 하진 않겠습니다' 할까요?(웃음)

30 일하는 사람을 보고
시설 고르기

아가와 지금 고령자 대상의 비즈니스가 점점 확대되고 노인 시
설이나 노인 병원이 우후죽순처럼 늘고 있습니다. 이것을
어떻게 분별해서 부모를 맡기고 또 자신이 들어가면 좋은지
그 기준이나 힌트가 있을까요?

오쓰카 가장 좋은 것은 그곳에서 일하는 사람의 표정을 보는
것입니다. 행동거지도 포함해서요.

아가와 정말 그렇겠네요.

오쓰카 결국 거기서 근무하는 사람의 표정이나 행동거지에서
자기가 하는 일에 대한 긍지나 자신감, 마음 상태가 종합적
으로 드러나기 때문이죠. 일하는 것 이외에 떳떳하지 못한
것이 있거나 피곤에 지쳐 있다면 반드시 태도에 나타납니다.

아가와 피곤하면 자기도 모르게 일을 소홀히 하게 되지요.

오쓰카 그리고 또 한 가지, 고령자를 대상으로 '당신 인생의 불안을 전부 해소해 드립니다' 이렇게 광고하는 시설이 굉장히 늘었습니다. 그런데 어느 정도 자기 일은 할 수 있어도 하루 세끼를 준비하거나 청소와 세탁이 힘든 때, 자리보전하게 되어 여러 가지 병이 생기게 된 때, 임종 때, 각 시기마다 필요로 하는 기능이 전혀 달라요. 한 군데 시설에서 그 모든 것을 다 갖춰 놓는다는 건 경영적인 면에서 보면 무리라고 할 수 있어요. 그럼에도 지금 우리 사회에 있는 많은 시설들이 전부 다 해결해 준다는 선전 문구로 아직은 건강한 고령자를 끌어모으려고 합니다.

아가와 아직 자활 능력이 있는 단계인데도요.

오쓰카 그렇게 되면 충분히 건강한데도 역시 자기의 임종이 걱정돼서 그런 시설에 거금을 지불하고 일찌감치 들어가 버립니다. 하지만 시설에는 여러 가지 규칙과 공동생활에 따르는 어려움이 있기 때문에 자유롭게 활동할 수 있는 사람에게는 기대했던 것과 다른 점이 많지요. 입주자의 70퍼센트 정도는 '이러려고 들어온 것이 아니다' 이렇게 생각하는 것 같습니다. 그러나 그걸 깨달았을 때는 이미 고액의 입주비는 입주하자마자 감가상각되고 있어서 나오려 해도 나올 수 없는 상태가 됩니다.

아가와 자기 집도 팔아 버리고 들어갔다면 이제 돌아갈 집도 없을 테고요.

죽을 곳을 정해 둔다

오쓰카 그러니까 장래를 걱정하고 불안에 쫓겨 건강할 때 시설에 들어가는 일은 절대로 피해야 합니다. 혹시 들어간다면 2, 3년에 걸쳐서 단기간 입소를 반복하며 내용을 잘 확인하고 나서 가도 늦지 않아요. 한편, 마지막에 들어갈 곳은 확실하게 정해 두어야 합니다. 불치병이나 자리보전한 상태에서 움직일 수 없게 되었을 때 들어갈 곳을 건강할 때 미리 잘 보고 확정해 두어야 해요. 다만 그곳에 들어가는 시기는 가능한 한 미뤄 둡시다. 스스로 할 수 있는 것을 모두 동원해서 그곳에 들어가는 시기를 최대한 늦추도록 노력합시다. 저는 늘 그렇게 조언합니다. 내가 죽을 곳은 여기라고 정해 두면 인간은 불안감에서 해방되는 법이죠. 그렇게 되면 긍정적으로 살아갈 수 있습니다.

아가와 와, 그렇겠네요!

오쓰카 이를테면 미래의 어느 날 자리보전하게 되어 며느리에게 대소변 시중을 받아야 할 상황에 놓이게 되면 며느리를 스스러워하며 살아야 합니다. 하지만 들어갈 곳을 정해 놓으면 당당하게 살아갈 수 있겠지요.

아가와 아버지는 자주 "'노인네 또 쌌네!' 하고 너한테 핀잔 듣게 될까봐 아, 싫다, 싫어!" 하셨어요, 그런 상황이 되기 훨씬 전부터요.

오쓰카 그게 다들 가장 걱정하는 부분이니까요. 몸을 맡길 시설을 결정해 두고, 그러나 더 이상 혼자 살기 힘들어질 때까지 자력으로 삽시다!

아가와 최후의 순간까지 혼자 살기를 추천하시는 거죠?

오쓰카 그렇습니다. 많은 분이 '팔팔하게 살다가 갑자기 숨이 꼴깍 넘어가는 것이 이상적'이라고 늘 말씀하시잖아요. 소위 말하는 'PPK팔팔 꼴깍' 이게 이루어지는 경우는 정말로 극소수예요. 기껏해야 5퍼센트 이하가 아닐까 합니다. 그래서 더더욱 자신의 임종에 관심을 가져야 합니다.

아가와 건강할 때부터 노인 병원이나 시설을 보러 다녀야 한다는 말씀이시죠?

오쓰카 그렇습니다. 여기저기 견학을 다녀야 합니다. 그도 그럴 것이 집을 살 때는 여러 군데 보러 다니며 따져 보잖아요.

아가와 정말 그러네요.

오쓰카 죽을 곳을 찾는 것도 마찬가지입니다.

나라면
무엇을 원할까

오쓰카 지금까지 의사로서 50년의 경험에 입각해서 제가 평소 가지고 있던 생각을 말씀드렸습니다만 75세를 넘으며 생각이 조금씩 바뀌었습니다.

아가와 생각이 바뀌셨다고요?

오쓰카 네, 지금까지는 '내 부모에게 해 주고 싶은 것' '내 부모라면 어떻게 생각할까'를 판단 기준으로 삼았습니다. 그런데 최근에는 '나는 무엇을 원하는가' '내가 들어가고 싶은 시설은?' 이런 관점도 중요하다는 생각이 들었습니다.

아가와 본인을 기준으로 삼는군요.

오쓰카 그렇습니다. 내 부모를 맡긴다면 역시 이런 것들을 기대할 겁니다. '매일 아침 정해진 시간에 깨워 주고, 세 끼 식사를 제대로 챙겨 주고, 옷도 갈아입혀 주고, 목욕도 제대로 시켜 주고, 규칙적인 생활을 시켜 주고, 몸차림도 말쑥하게 해 주고, 정성을 다해 재활 훈련을 주세요.' 이런 것이 가족의 바람일 겁니다.

아가와 그렇죠.

지나치게 씻으면 약해진다?

———

오쓰카 그럼 내가 그 상황이 됐을 때는 어떻게 할지 생각해 보았습니다. '탕에 들어가는 것은 귀찮으니까 굳이 하고 싶지 않다. 아침에는 실컷 자고 싶다. 밥은 세 끼 다 먹지 않아도 된다. 먹기 싫은 때 말고 먹고 싶을 때 좋아하는 걸 마음껏 먹게 해 주면 좋겠다. 술도 자유롭게 마시게 해 주고 귀찮으니까 양치질도 대충 하고 재활 훈련은 열심히 하고 싶지 않다.' 이런 답이 나오더라고요. 건강해져서 도대체 뭘 하라는 걸까요?

아가와 어머, 세상에! 저런! 자유분방한 불량 노인처럼….(웃음) 선생님은 원래 탕욕을 싫어하세요?

오쓰카 탕욕은 지금도 일주일에 한두 번으로 충분합니다. 탕에 들어갔다가 죽는 사람이 1년에 대략 2만 명 가까운데, 들어가지 않아서 죽은 사람 이야기는 들은 적이 없어요.(웃음) 고령이 되면 목욕을 하는 사람도 힘들지만 시키는 사람도 힘들지요. 정말로 지저분할 때 혹은 지저분한 게 묻었을 때 도 와주면 됩니다.

아가와 작가 이쓰키 히로유키 씨와 대담할 때도 사람은 지나치게 씻으면 약해진다고 하셨어요.

오쓰카 맞는 말씀입니다.

아가와 요즘 세상은 청결 의식이 지나치게 강해요.

오쓰카 그렇습니다. 일본인 피부병의 상당 부분은 너무 씻는 게 원인이라 생각합니다. 얼마 전에도 오메 병원에서 피부 트러블이 증가한다는 보고가 있었어요. 그래서 비누를 사용하지 말고 따뜻한 물로 씻어 보라 했지요. 그랬더니 환자 피부 상태가 눈에 띄게 좋아져서 3개월 후에는 증상이 해소되었다 하더군요. 목욕할 때마다 비누를 듬뿍 칠해서 쓱쓱 문질렀으니 '깨끗해졌다' 생각하겠지만 그 후에 피부가 점점 거칠어져서 참기 힘든 상태가 되니까 그곳에 약과 보습제를 꼼꼼히 바르지요. 그래서 또 손이 많이 가고 약값도 듭니다. 악순환이지요. 역시 적당한 수준으로 하는 것이 좋습니다.

아가와 젊은 사람들은 머리를 매일 감지 않으면 직성이 안 풀리는 것 같아요. 그런데 나이가 들면 알겠지만 확실히 매일 감을 필요는 없어요. 젊었을 때만큼은 유분이 나오지 않으니까요.

오쓰카 네, 단순히 습관일 뿐이지요. 기능에는 아무 문제가 없습니다.

아가와 그러니까 나이 들면 이틀에 한 번 정도 감는 것이 머리카락에는 좋은 것 같아요.

병원 이름은 '불량 장수원'!?

———

오쓰카 '부모님께 해 주었으면 하는 것'과 '나에게 해 주었으면 하는 것'은 이렇게 다릅니다. 저처럼 오랫동안 노인 의료에 몸담아 온 전문가도 그리 생각하니까요.

아가와 선생님이 연세가 들고 나서 차차 그걸 알게 되셨다는 건가요?

오쓰카 그렇습니다. 예전에는 고령자가 어떤 생각으로 하루를 보내는지가 어디까지나 상상의 범위였지요. 그것이 75세가 되어 미지의 경험을 쌓으면서 자신의 말년에 대해 생각이 미치게 되었어요. 앞으로는 부모가 아닌 내 몸을 안심하고 맡길 수 있는 구조를 만들어가자는 생각을 하게 되었지요.

아가와 그럼 게이유 병원도 시스템을 바꾸실 겁니까?

오쓰카 네, 더욱더 진화시켜 가고 싶습니다. 아직 어떤 상태가 될지 모르지만 여기라면 하루를 살아도 나쁘지 않겠다는 생각이 들도록 말이지요.

아가와 말 나온 김에 이름도 바꿔 보면 어떨까요? 가족이 좋아

하고 본인도 즐거워하는 노인 병원 '낙원' 혹은 '용궁성'이
어떠세요? 아, 맞다. '불량 노인 천국 병원'은 어떠세요? 안
될까요?

오쓰카 '불량 장수원'을 지향하라는 뜻이군요. 할 일이 또 늘어
날 것 같네요. 잊지 말아야겠어요.(웃음)